初歩からきちんと
英文契約書

English Contracts
from the First Step

第**2**版

仲谷栄一郎 ［著］

中央経済社

はじめに

　英文契約書は難しいと思われがちだが，本書をお読みになると，意外にやさしいということを知って安心していただけると思う。第1章「英文契約書にアプローチしよう」で総論的な説明をし，第2章「英文契約書を読んでみよう〜売買契約書〜」で簡単な売買契約書の案文を素材として条文ごとにポイントを検討し，第3章「練習問題を解いてみよう」では，条文読解と事例問題を用意している。

　そこで，本書の読み方についてのお願いを申し上げる。第1に，知識や情報を覚えるのではなく，「見方」や「考え方」を体得できるように説明するつもりなので，気楽にお読みいただきたい。初級者を想定して基本的な事項から説明するため，経験や勉強を積まれた方々におかれては厳密ではないとお感じになる部分があると思われるが，初級者向けに分かりやすくするためとご容赦いただければ幸いである。しかし，中級者以上におかれても，知見のまとめになり，また，新たな発見があるかもしれないと期待する。

　第2に，外国の法律や司法制度は原則として問題にしていないことにご注意いただきたい。例えば，ある国の法律が準拠法と関係なく強制的に適用されるかもしれないとか，ある国の裁判所に信頼がおけないなどの問題は捨象している。現実には，とくに新興国の中に，特異な法律があったり，裁判所が信頼できない国があったりする。そのようなおそれがある場合は，現地の法律事務所やその国について知見を有する日本の法律事務所に助言を求めていただきたい。

　第3に，条文は「文字どおり」に読むものとし，民法や商法の任意規定やいわゆる「合理的な意思解釈」の適用は考えないものとする。それは，

準拠法が日本法でない場合もあるし，合理的な（と読者の皆様が考えている）解釈が裁判所において通用する保証もないからである。

第4に，いくつかの条文（例えば第2章**2**の第19条（準拠法））で，この条文についてはこのような交渉方法にするのがよいとお勧めしている箇所があるが，それは，その条文のみが問題になっている場合の話であるとご理解いただきたい。契約交渉においては，契約書全体を通じて，ある条件を譲って別の条件を勝ち取るというような方法がとられ，準拠法などの条文もその取引材料になることは言うまでもない。

なお，本書の初版は月刊「ビジネス法務」2013年2月号から2014年5月号までの連載（「やっと分かった！英文契約書」）に大幅に加筆したものであった。第2版においては，全体にアップデートしたことに加え，とくに，ご好評をいただいていた第3章（練習問題を解いてみよう）を拡充し，「ビジネス法務」2014年11月号の「ドラフティングのトレーニング」と2019年12月号の「契約書審査の実践例題集」の問題の一部を取り込み，さらに新たな問題を追加して整理した。いっそうのお役に立てれば幸いである。

　2020年6月

仲谷栄一郎

目　次

第2章　英文契約書を読んでみよう～売買契約書～

1 「形」を知ろう――――――40

2 条文ごとに読んでみよう――――――43

第3章　練習問題を解いてみよう

第 1 章

英文契約書にアプローチしよう

　本章では，英文契約書を読み書きするときの基礎になる事項を
説明する。

　第1節「どのように考えるか」では，身近な例を使って英文契
約書を検討する際の「考え方」を検討し，第2節「何を知ればよ
いか」では，英文契約書についての基礎的な知識を説明し，第3
節「どのように読むか」と第4節「どのように書くか」では，英
文契約書の「読み方」「書き方」を明らかにする。

1 どのように考えるか

　ここで取り上げている地下鉄車内の「お願い」の英文は，本書の初版
（2014年）の時点でのものである。その後修正され問題が解消しているが
（本書の指摘がきっかけだったかどうかは不明），歴史的な記録という意味
から当時の問題提起をそのまま残しておく。

＊　　　　＊　　　　＊

　地下鉄のドアに，次のような「お願い」が貼ってある。これを「英文契
約書」的に読むと，どのような問題があるだろうか。

Please inform the station staff or train crew immediately if you
notice any suspicious unclaimed objects or persons in the
station or on the train.

　この文には多くの問題があるが[1]，ここでは "suspicious unclaimed
objects" だけにしぼって検討する。この表面的な意味は「不審な，持ち
主がいないもの」であり何ら問題なく見えるが，英文契約書的に読むと，
"suspicious"（不審な）と "unclaimed"（持ち主がいない）の関係が問
題である。

　文法的には両者の関係は "and"（かつ）であると思われるが，そうす
ると乗客が爆弾らしきものを抱えて乗っていても通報する必要はないこと

1　その他の問題としては，以下のようなものがある。
　（ⅰ）"suspicious unclaimed persons"（不審な，持ち主がいない人）とは何か。
　（ⅱ）"objects" とあるので，物が「1つだけ」の場合は通報しないでよいのか。
　なお，日本語の表示では，（ⅰ）は対応する表現が存在せず，（ⅱ）は単数と複数の区別
　がないため，いずれも問題にならない。

になる。なぜなら爆弾らしきものは「不審」ではあるが「持ち主がいない」ではないからである。これは不都合である。

しかし，逆に両者の関係が"or"（または）だとしても不都合がある。すなわち，付近に誰も座っていない座席の上に新聞紙が置かれていても通報する必要があることになる。なぜなら新聞紙は「不審」ではないが「持ち主がいない」からである。

これらを合わせて考えると，両者の関係が"and"なのか"or"なのかが問題ではなく，そもそも「持ち主がいない」という言葉が問題だと分かる。そこで，「持ち主がいない」を削除し，単に「不審な」ものを見つけたら通報してくださいということにすれば，上の爆弾と新聞紙の場合はいずれも適切な結果になる。実際に，以下のように，日本語での表示では「持ち主がいない」という言葉はなく「不審な」もののみになっており，これが正解であろう。なお，意図したかどうかは不明だが，平仮名で「もの」と書くと，「物」と「者」を含むように見える。

> 駅構内または車内等で不審なものを発見した場合は，直ちにお近くの駅係員または乗務員にお知らせください。

ここまでお読みになって，「"and"だろうが"or"だろうが，常識的に考えれば，爆弾は通報するし新聞紙は通報しないに決まっている」とお思いかもしれない。たしかに，地下鉄内の表示として「常識」的に考えれば，この英文でも十分だろう。しかし，仮にこれが刑罰法規であって違反したら罰則が科されるのであったなら，内容が明確なものでなければならない要請はきわめて高い。

契約書も同じようなレベルの明確性が必要である。**こちらが常識と思っていることが相手にとっては常識でない場合も多々あり，そのようなことから紛争が生じるのである。**誇張して言うと，契約書を検討する場合には，

「揚げ足取り」や「屁理屈」と思われるようなことまで考えるくらいの気構えがよい。練習問題は地下鉄の中にさえ転がって，いや，貼られている[2]。

---

2 なお，新幹線では "suspicious items or unattended baggage" となっており，本文で述べたような問題が生じる余地は少ない。

2 何を知ればよいか

　英文契約書の読み方に入る前に，契約書についての基礎知識をごく簡単に説明しておく。

1　契約書とは何か

　「契約」とは法律的な効力のある合意である。「法律的な効力のある」とは，一方の当事者が違反した場合には相手方の当事者が裁判などに訴えて強制的に権利を実現できるという意味である。したがって，ある合意が契約に該当するかどうかは重大な問題であるが，それを判断する明確な基準はない[3]。

　「契約書」とは契約を書類にしたものである。逆に，そこに書かれていることが契約としての効力を有する書類であると言ってもよい。そして，ある書類が契約書に該当するかどうかを判断する明確な基準もない。**「契約書」と題されていなくても，あるいは契約書らしい体裁が整ったものでなくても，契約書としての効力を有すると判断されることがある。**

　したがって，注意事項としては，およそ書類を作る場合には「これは契約書としての体裁をなしていないから効力はなく，違反しても問題ない」と思ってはならないということになる。

　例えば，"Memorandum" と題された書類でも，作られた経緯や内容次第では「契約書」として効力を有するし，手書きの紙切れが契約書にあたることさえある。

3　日常生活上の出来事を素材として，相手から損害賠償がとれるかなどを弁護士やタレントが面白おかしく議論するテレビ番組をご存じかもしれない。状況によっては，友人同士の軽い口約束も「契約」かどうかが争いになりうる。

2　なぜ契約書を作るのか

　なぜ契約書を作るのかというと，それは**合意事項を明確にして将来の紛争を予防する**ためである。この目的が，英文契約書を読んだり書いたりする場合の考え方の根底になる。

　仮に紛争になったとしても，こちらの立場を支持するようにきちんと書かれた契約書があれば，裁判や仲裁でこちらが有利になる。そして，相手方が裁判や仲裁を起こしても勝ち目が薄いと判断すると，そもそも裁判や仲裁にせずにあきらめるかまたはこちらに有利な話し合いに応じる可能性が高くなる。

　その意味で，裁判や仲裁になって裁判官や仲裁人が読んだらどのように解釈するかを念頭に置きつつ，こちらの立場を支持するような明確な契約書を作っておくことにより，結局，紛争を予防できるのである。

3　英米法を知らなければならないか

　英文契約書を締結するのは英米法系の相手方との間が多いと想定され，準拠法が英米法系の法律になることも多い。したがって，英米の契約法について多少知っておいたほうがよい。が，じつは詳しく知る必要はないということが，以下の説明でお分かりになると思う。

(1) agreement/contract（合意／契約）

　英米の契約法の教科書には，"agreement" とは法律的な効力の有無を問わず広い意味での「合意」を意味し，"contract" とはその中で法律的な効力を有するもの，すなわち「契約」を意味するというような説明がある。

　たしかに，法律上の概念として厳密に分析するにはこの使い分けが正確だが，実務上このように意識して使い分けられているわけではない。すなわち，ある書類が "Agreement" と題されていると効力がないおそれが

あるというわけではなく，契約たりうる内容であればもちろん法律上の効力を有する。"Agreement" という題名の書類が，法律上は "contract" に該当するというだけのことである。

⑵ offer/acceptance（申込み／承諾）

契約は "offer"（申込み）と "acceptance"（承諾）により成立するとされる。とすると，相手と連絡をとるあらゆる局面で，「このメールは "offer" に該当するか」などと考えながら行動しないといけないと思えるかもしれないが，じつはそうでもない。

ある連絡が "offer" や "acceptance" と明示されていない限り，それらが "offer" や "acceptance" に該当するかどうかをあらかじめ明確に判断する基準はない。

"offer" や "acceptance" という概念が問題になるのは，交渉が中断し契約書にサインされなかったが，一方当事者が「契約が成立している」と主張して争いになった場合である。そして，途中の何らかのやりとりで契約が成立していると裁判所が認定しようとする場合に，ある手紙が "offer" で，それへの返事が "acceptance" であるという分析をして理由をつけるのである。

実務上の指針としては，契約書にサインすれば問題ないのだから，"offer" や "acceptance" に当たるかどうかなどを「問題にするくらいだったら，早く自分の希望する条件を書いた契約書を作って，相手方からサインをとってしまえ」[4]ということになる[5]。

4　柏木昇（発言）「法学教育を考える⑵」NBL537号（1994）14頁。この座談会の記事には，「予防法学」の視点から参考になる記述がたいへん多い。本文に引用した発言に続く，「ものの見方というのは，問題が起きたときにそのものをどう見るかということと，これからどう問題を解決していこうかという場合とでは全然違う」なども至言である（同上同頁）。

⑶ consideration（約因）

　英米法において"agreement"（合意）が"contract"（契約）として効力を有するためには，"consideration"が必要であるとされる。

　簡単に言うと，"consideration"とは，売買における品物の引き渡しと金銭の支払いのように，一方の当事者が行うことに対応して他方の当事者が行うことを指し，「約因」と訳されている。とすると，あらゆる契約を締結する場合に"consideration"の有無を確認すべきだということになる。建前上はそうだが，以下の理由により特別な場合以外には気にしないでよい。

　第1に，"consideration"はかなり形式化されてきており，等価でなくても何らかのギブ・アンド・テイクがあればよいということになっている。第2に，およそ独立した企業同士の取引で，対価がないということはほとんどあり得ない。

　したがって，この取引には対価関係がないのではないかという懸念がある場合に専門家に相談するくらいの意識でよいと思われる。例えば，保証料をとらずに保証したり，単に債務を免除したりする場合などである。

　英米法系以外の法律が準拠法になる場合には，"consideration"は要求されないが，契約書中に決まり文句として"consideration"という言葉を使うことはしばしばある。厳密に言えば削除すべきかもしれないが，とくに問題視されていないと思われる。

⑷ common law/equity（普通法／衡平法）

　英国法において，"common law"とは王座裁判所など通常の裁判所が

5　"offer"や"acceptance"が気になるのであったら，「これは"offer"ではなく希望の表明である」とか「これは"acceptance"ではなく再提案であり，いかなる意味においても契約書がサインされるまで契約は成立しない」というような注意書きをつけておくのが手堅い。しかし，実務上このような注意書きをすることはまれであるように見受けられる。

発展させてきた法体系を指し，"equity" とは大法官裁判所が発展させて
きた法体系を指す。

　"common law" を硬直に適用すると不合理な結果になると考えられる
場合に，"equity" が適用される。例えば，"common law" においては，
不法行為に対して事後に金銭の賠償しか認められない。しかし，明日発売
される週刊誌に名誉を毀損する記事が掲載されようとしている場合などは，
事後の賠償では不十分である。そのような場合，"equity" が適用されて
事前の差止命令（出版禁止など）が認められる。以上が教科書的な説明で
ある。

　じつは，英文契約書を読むときにこの知識はほとんど必要ないが，この
知識があると，"F has any remedies at law or in equity." というような
条文の意味がきちんと分かる。何も知らないと，「Fは法律による救済と
公平な救済を有する」と読んで，「『公平な救済』の意味が不明確なので，
この "or in equity" は削除すべきだ」などと言いたくなる。しかし，こ
の条文は「Fは普通法に基づく救済と衡平法に基づく救済を有する」とい
う当たり障りのない意味で，とくに問題があるわけではない。なお，単に
"law" と書いてあるが，このように "equity" と並べられる文脈では
"common law" を意味する。

　"common law" と "equity" の区別が英国法上のものであるとすると，
英国法以外の法律が準拠法になる場合，この条文は意味がないのではない
かとの疑問がある。厳密に言えば削除すべきかもしれないが，とくに問題
視されていないと思われる。

3 どのように読むか

1 英文として／契約書として読む

　英文契約書の読み方には，「**英文**」としての読み方と「**契約書**」としての読み方がある。前者は「書いてあるとおりに正確に理解する」ことで，後者は「内容上の問題を指摘し改善を目指す」ことである。

　説明のために2つに区別しているが，実際には2回に分けて読むわけではなく，また，内容に立ち入ることにより文法的な問題が浮き出るなど，フィードバックしながら重なることがあるため，厳密に区別する必要はない。

　なお，これから説明する「読み方」は，じつは英語に限らずいかなる言語（日本語を含む）の契約書でも同じである。すなわち，「××語として正確に読み」，「契約書として問題がないかを読む」というわけである。その意味で，これから検討する「読み方」は，およそ契約書一般を読むためにも役立つ。

(1) 「英文」として読む

　「英文」として読むとは，書いてあるとおりに正確に理解することである。このために必要なのは語学力に尽きる。

　まず，英文契約書の単語は「足が遅い」ので，地道に勉強していくと意外に早く成果が出る。例えば，情報・通信など進歩の速い分野では，既存の単語がすぐに古くなって使われなくなり，逆に新たな概念が続々と登場する。しかし，英文契約書に登場する専門用語は何百年前から使われ続けているものも多く，また，新たな法律用語が日々登場しているわけでもない。

　次に，英文契約書の条文はもちろん普通の文法で書いてあり，**どんなに長くても骨組みだけにすれば，必ず「主語＋動詞」や「主語＋動詞＋目的語」などの文型に還元できる**。そして，英文契約書の条文の文体はパターン化されており，「作者」による文体の違いも少ない。さらに，文学作品などでは省略があるところを推測で補ったり言外の意味を汲んだりする必要があるが，英文契約書は明確であることを目指しているため読みやすい。それどころか，交渉中の契約書は，分からなければ分かるように直せばよいのである。

⑵ 「契約書」として読む

　「契約書」として読むとは，内容上の問題を指摘し改善を目指すことである。「英文」として読んで内容が理解できただけでは不十分であり，契約書としての問題点を発見し改善を提案できなければならない。「契約書」として読む力を養うには，多くの契約書を読み，考え，議論するしかない。

⑶ これだけは，の「ひとこと」

　契約書を読む場合に，まず頭に入れておくべき根本的な注意事項を，「ひとこと」でまとめておく。

① 気を楽にする「ひとこと」

```
○ 分からないこともある
```

　何を言っているかというと，「相手が提示してきた契約書の条文は，分からないこともある」ということである。英米の弁護士が書いたものでさえ，誤りや不明な箇所がある。専門家でない人やネイティブではない人が書いたものは，なおさらである。

　交渉中の契約書はいくらでも修正できるということを忘れてはならない。

ある程度解読を試みても，文法的に誤りではないかと思えたり意味が不明だったりする場合，「この条文はこう解釈すべきだ」，「いや違う」というような議論を社内で延々と繰り広げるのは生産的ではない。「分からない」のであれば，分かるように修正すればよいだけのことである。

② もっとも重要な「ひとこと」

┌──────────────────────────────┐
│　　　　　　　　○　はっきりさせる　　　　　　　　│
└──────────────────────────────┘

　これは契約書を読む場合の考え方の基本中の基本である。紛争の多くは，契約書の条文が不明確であることから生じていると言っても過言ではない。およそ契約書を読む場合には，「はっきりさせる」姿勢が最重要である。

③ 言ってはならない「ひとこと」

┌──────────────────────────────┐
│　　　　　　× 後でこういう主張ができる　　　　　　│
└──────────────────────────────┘

　ある条文についていろいろな解釈が可能な場合，「争いになったら，こちらに有利なこういう主張ができるから，このままでよいではないか」という意見が出ることがある。

　しかし，こちらに有利な「主張ができる」ということは，逆に相手も相手に有利な主張ができるということであり，紛争が生じる。それを最終的に決着するには裁判などによらなければならず，勝てる保証はない。そして，たとえ勝ったとしても，多大な手数，時間，費用がかかる。

　問題に気づかずに不明確なまま契約書を結んでしまい後で紛争になった場合は，こちらの有利になるような議論を考えなければならない。しかし，これから契約を締結しようという場合には，いくらでも直せるのであるから直すべきであり，「後でこういう主張ができる」と考えて不明確なままにしておいてはいけない。

　これを表から言うと「はっきりさせる」と同じことであり，要するに，契約書においては解釈が明確になることを目指すのが正道ということになる。

2　「はっきりさせる」という視点で読む

　次に，簡単な例文を挙げて，英文契約書を読む場合の基本的なチェックポイントを検討する。お読みになると，「こんな失敗をするはずがない」とお感じになるものばかりではないかと思う。たしかに，このように「問題がある」と言って例に挙げて説明すると，そう感じるかもしれない。

　しかし，実際の英文契約書には，「この"it"は何を指すか」とか「この条文は二通りに解釈できる。どういう解釈か」などと試験問題のような設問があるわけではない。何十ページにもわたるような英文契約書の中から問題を発見するのは根気と注意力を要する作業であり，見落としのおそれもある。実際に，なぜこんな単純なことに気づかなかったのかと思えるような紛争もしばしばある。

　なお，例文中の「J」は日本の会社，「F」は外国の会社とし，主にJの視点で検討することにする。また，ここで検討するのは基本的なポイントのみであり，後に売買契約書の個々の条文に織り込んで他の点も説明する。

(1) 単語の意味は分かるか

　まず，「英文」として読む場合のチェックポイントから始める。当然のことだが，意味の分からない単語があったら必ず調べるべきである。しかし，辞書を引いて「訳した」だけでは，意味が分かったことにはならない。重要な単語については，その意味まで立ち入る必要がある。

① 外国法上の法律用語

　法律上の概念は国によって異なる。ある英語の法律用語を日本語の法律

13

用語に訳したとしても，それは「意味の近い日本語に置き換えた」だけのことであり意味が分かったことにはならない。

　例えば，債権の担保として外国の相手方から"promissory note"を預かるという条件になっているとしよう。"promissory note"を辞書で引いて「約束手形」と理解し「約束手形を預かるのだから，債権の担保として大いに意味がある」と安心してはいけない。日本の「約束手形」は，振出人（債務者）が期日に支払わないと不渡り処分を受け，銀行取引を停止されるなど強力な制裁手段があるので，担保として意味がある。しかし，外国の"promissory note"が同様の効果を有するとは限らず，借用書程度の意味しかないものもある。

　そこで，"promissory note"を担保として預かることが重要なのであれば，その国の"promissory note"がどのようなものかを確認しておかなければならない。そして，担保としての価値がなさそうであれば，他の担保を検討するなどの方策を検討する必要があるかもしれない。

② 日本法上の法律用語

　読み方から離れるが，逆に日本法の「約束手形」を預かることを定める場合，どうすればよいか。「約束手形を何と訳せばよいか」という発想では解決できない。

　一案としては"promissory note (*yakusoku tegata* under Japanese law)"などとすることである。こうすれば，相手に「この"promissory note"とは自分たちの知っているものではなく，日本法上の"*yakusoku tegata*"というものだ」と意識させることができる。相手はその点をみずから検討するかもしれないし，こちらに尋ねてくるかもしれない。尋ねられたら，「正確なところはそちらの専門家に確認してほしいが……」などと予防線を張りながら，日本の約束手形について簡単に説明すればよいわけである。

　このように，誤解を招くおそれがある事項については注意を喚起しておくのが手堅い。同様に，"statutory exclusive license (*sen'yo jisshiken* under Japanese law)" や "fixed term land lease (*teiki shakuchiken* under Japanese law)" などが考えられる。なお，これらの「専用実施権」や「定期借地権」の英訳は定訳ではない。繰り返すが，「何と訳せばよいか」という問題ではないのである。

⑵ 代名詞が何を指すか

　代名詞が何を指すかを明らかにしなければならない。

① "here..." / "there..."

　英文契約書には，"hereto" や "thereof" など，"here＋前置詞" や "there＋前置詞" という形をした単語が頻繁に登場する[6]。

　例えば，"the parties hereto" は「この契約の当事者」で，"the notice and an English translation thereof" は「通知とその英訳」を意味する。

　一般に，"here..." という単語の "here" は「この契約書」または「この条項」を指し，"there..." という単語の "there" はその前に出てきたいずれかの単語を指す。したがって，注意すべきなのは，"here" や "there" が何を指すかである。次の "thereon" と "thereto" はどうだろうか。

---

the land owned by J, the building thereon, and any attachment thereto

———————————————●———————————————

Jが所有する土地，その上の建物，およびその付属物

6　厳密には，これらの単語は副詞である。しかしながら，"here" や "there" が何かの代わりに用いられており，それが何を指すかに注意すべきであるという観点から，代名詞と同じような注意事項になるため，「代名詞が何を指すか」でまとめていることをご容赦いただきたい。

"thereon" の "there" が土地を指すことは間違いないと考えられる。しかし，"thereto" の "there" は，土地だろうか，建物だろうか，それとも土地と建物だろうか。明確にするには，"thereto" に代えて，"to such land"，"to such building" または "to such building or such land" とすればよい。

なお，英文契約書を書く場合，これらの "there..." という単語は，何となく「契約書っぽい」し，前に出てきた言葉を繰り返さないですむので，使う誘惑に駆られる。しかし，意味が不明確になるおそれがあるのでなるべく使わないほうがよく，**仮に "there..." という単語を使う場合は，何を指すかが一義的に明らかであることを確認すべきである。**自分で書いていると，読んでいるとき以上に思い込みが強く，「これ以外には解釈できない」と考えがちだが，第三者が読んだら別の解釈ができるかもしれない。

② 普通の代名詞でも

何でもない代名詞が，何を指すか分からないこともある。

J shall deliver the parts to F at its expense.

———————————————●———————————————

Jはその費用で部品をFに引き渡さなければならない。

英文を一見すると，この "its" は「Fの」と読めるかもしれない（和文では「Jの」と読めそうである）が，Fは「主語と同じで『Jの』だ」と主張しないとも限らない。この場合，"its" を "J's" または "F's" と明確にすべきである。

(3) 関係代名詞が何にかかるか

関係代名詞が何にかかるかをきちんと解読しなければならない。

> J shall inform F of any change of J's business objects which are deemed important.
> ───────────●───────────
> JはJの重要と考えられる事業目的の変更を，Fに知らせなければならない。

　この条文では，"which" は "business objects" の直後にあり，"which" の後の動詞が "are" なので，"which" が "business objects" にかかるのは明らかである。これに対し "are" が "is" だとすると，"which" は "change" にかかることになり，意味が異なる。

> J shall inform F of any change of J's business objects which is deemed important.
> ───────────●───────────
> JはJの事業目的の重要と考えられる変更を，Fに知らせなければならない。

　このように動詞の活用形にも注意する必要がある。しかし，書いた人がそれを明確に意図して書いたかどうか不安である。とくに，英語がネイティブではない相手の場合，動詞の活用形を間違えて書いたのかもしれず，そうすると紛争の種になるおそれがある[7]。

　それでは，次の条文はどうだろうか。

> J shall inform F of any changes of J's business objects which are deemed important.
> ───────────●───────────
> JはJの［重要と考えられる］事業目的の［重要と考えられる］変更を，Fに知らせなければならない。

───────────
7　本文では関係代名詞の点に限って検討しているが，この条文には，他にも「"important"とはどの程度か」とか「"deemed"の主体は誰か」などの問題がある。

この条文では，"any changes"と"business objects"が両方とも複数形のため，"which"の後の動詞が"are"であっても，「重要と考えられる」がどちらにかかるか議論の余地がある。

どうすればよいか

　関係代名詞がどの語にかかるのかが不明確な場合，どの語にかかるかが明確になるような文形に書き直すのがよい。たとえば，"which"が"any change"にかかることを明確にするためには，次のように"if"を用いる方法がある。

> J shall inform F of any change of J's business objects, if such change is deemed important.
>
> ─────────●─────────
>
> JはJの事業目的の変更を，その変更が重要と考えられる場合には，Fに知らせなければならない。

　一般論として，関係代名詞は直前の語にかかるとしか読めない場合にのみ使うのがよく，離れた語にかかることを意図している場合またはそのようにも読めるおそれがある場合は改善すべきである。

制限的用法と非制限的用法

　次の2つの条文は意味が異なる。

> J shall not engage in any competitive activities which may impair F's business.
>
> ─────────●─────────
>
> Jは，Fの事業を害するおそれのある競争的活動に従事してはならない。

> J shall not engage in any competitive activities, which may impair F's business.
>
> ─────────●─────────
>
> Jは競争的活動に従事してはならない。それはFの事業を害する。

　前者の条文は"which"が制限的用法（"any competitive activities"の意味を制限する）であり，競争的活動のうちFの事業を害するおそれがあるものだけが禁止されている。これに対し，後者の条文は非制限的用法（"any competitive activities"の意味を制限しない）であり，競争的活動はすべてFの事業を害するとされている。

　このように"，"の有無で制限的か非制限的かが分かれるというのが，オーソドックスな文法に基づく解釈であるが，そのようなルールに則らずに書かれているのではないかと疑われる条文もある。

　やや割り切って言うと，制限的用法を明確にするためには"that"を用いるほうがよく，非制限的用法の"which"は用いないほうがよい。後者について敷衍すると，**一般に契約書においては，説明や理由などは抜きにして結論だけを書いたほうがよい**。なぜなら，その説明や理由が事実と異なっていたり将来変わったりした場合，争いになるおそれがあるからである。

(4) 受動態の主体は何か

　受動態の条文では「主体」を明らかにしなければならない。

> Notices under this Agreement shall be sent to the other party's address.
>
> ─────────●─────────
>
> この契約に基づく通知は，相手方の住所宛てに送られなければならない。

この条文であれば，通知を送るのは各当事者であることが明らかなので問題ないと考えられる。しかし，次のような条文だと「誰が」が不明である。

The Products shall be insured against any loss or damage during the transportation. J shall bear the premiums for such insurance.

本製品には，輸送中の滅失・毀損に備えて保険がかけられなければならない。Jはその保険料を負担しなければならない。

この第一文において，FとJのどちらが保険をかけるかが不明であり，争いになった場合には次のような議論が考えられる。

Fは「第二文で『Jが保険料を負担する』と定めているのだから，第一文もJの義務だ」と主張する。これに対しJは「第一文がJの義務ならば第二文は不要ではないか。第二文でわざわざ『Jが』と書いてあるということは，第一文はその逆で，Fの義務だ」と反論する。しかし，そもそも書いていないのだから，どちらが正しいとも判断できない[8]。

このように，後からでは何とでも言えるので，事前に明確にしておかなければならない。すなわち，この条文の "insured" の後に "by F" または "by J" を入れるべきである[9]。

まとめると，受動態の文を読む場合には，主体が何であるかが明らかかどうかに注意を払い，不明確であるならば "by ..." と主体を明らかにすべきである。また，自分で条文を書く場合には能動態のほうが分かりやす

8　一般に，契約書の条文に「AはXである」と定められている場合，書かれていないこと（B）をめぐっては2つの解釈が可能なので争いになる。「Bは書かれていないがAと同じでXである」という解釈（類推解釈）と，「Bは書かれていないのでXではない」という解釈（反対解釈）である。念のため，本文の例では，A＝保険料の負担，X＝J，B＝保険契約をかける義務，となる。

く，かつ安全であると言える。

⑸　"and" / "or"

　複数のものが列挙されている場合，それらが"and"の関係か"or"の関係かによって意味が異なる。そして，厳密に言うと，"and"にも"or"にも，いろいろな意味がある。

①　"and"か"or"か

　次の条文において，2つの条件の関係が"and"か"or"かによって，どのような場合にFが契約を解除できるかが異なる。

F may terminate this Agreement, if J breaches this Agreement and causes serious damage on F.

───────────────●───────────────

Fは，Jが本契約に違反しFに重大な損害を与えた場合，本契約を解除できる。

F may terminate this Agreement, if J breaches this Agreement or causes serious damage on F.

───────────────●───────────────

Fは，Jが本契約に違反した場合またはFに重大な損害を与えた場合，本契約を解除できる。

　Jとしては，前者の条文ならば，「契約に違反し，かつ，Fに重大な損害

9　ここで，文の最後に"by F"や"by J"を入れるのはよくない。なぜなら，そうすると，FやJが"transportation"の主体を表しているのではないかという混乱を招くおそれがあるからである。一般論として，修飾する語は修飾される語の直近に置くのがよい。本多勝一『実戦・日本語の作文技術』（朝日文庫，1994）61頁に「かかる言葉と受ける言葉はできるだけ直結せよ」とある。言語を問わず，誤解を避けるためには同じ法則が成り立つ。

を与えた場合」のみに契約を解除されるので，単に「契約に違反した場合」よりも有利である。

　しかし，後者の条文だと，「契約に違反した場合」だけでなく，「契約に違反しなくても」「Fに重大な損害を与えた場合」は契約を解除されるので大きく不利になる。「契約に違反していないのに解除されるのは不当だ」とか「"serious damage" という語が不明確である」などと主張して削除を要求するのがよい。

②　"or"―「一方のみ」か「両方でもよい」か

　"or" は「一方のみで両方ではない」という意味が通常であると考えられる。例えば，レストランのメニューに「メインは肉"or"魚」とあったら，両方は注文できないのが普通である。

　とすると，前記①「"and"か"or"か」の2つ目に挙げた，"or"が用いられた解除の条文について，次のような解釈はできるだろうか。すなわち，「契約に違反した場合のみ」または「Fに重大な損害を与えた場合のみ」に解除できるが，「契約に違反し，かつ，Fに重大な損害を与えた場合」には解除できないという解釈である。この解釈は「常識的」にはおそらく無理だろうと思われる。

　しかし，次のような単純な条文でも（いや，単純だからこそとも言える）解釈が分かれる可能性がある。

J may purchase X or Y.

―――――――――――●―――――――――――

JはXまたはYを購入できる。

　このように，"X or Y" が「XのみまたはYのみで，XとYの両方ではない」という意味なのか，それとも「Xのみ，Yのみ，またはXとYの両方でもよい」という意味なのかが明らかでないと，争いが生じるおそれがある。

一方のみ

「一方のみ」であることを明らかにするには，次のようにすればよい。

J may purchase X or Y, but not both.

JはXのみまたはYのみを購入できるが，両方を購入することはできない。

両方でもよい

他方，「両方でもよい」のであれば，次のような条文になる。

J may purchase X, Y or both.

JはX，Yまたはその両方を購入できる。

なお，「両方でもよい」という意味を表すために "and/or" という語が使われることがあり，列挙される事項が2つであればおおむねそれで何とかなる。

J may purchase X and/or Y.

JはXおよび／またはYを購入できる。

しかし，列挙されているものが3つ以上の場合には，厳密に考えると不明確さが残るので，次のようにするのが手堅い。

P, Q, R, S or any combination of the foregoing

P，Q，R，Sまたは以上のあらゆる組み合わせ

---

③ "and" ―「両方のみ」か「一方でもよい」か

"and" が「両方のみ」という意味ではなく，いずれか「一方でもよい」という意味を表す場合がある。例えば，セルフサービスの立食パーティーで「コーヒー "and" 紅茶をどうぞ」と言われて，「コーヒーだけでもよいですか」と尋ねたら，おかしな人だと思われるだろう。

日常の例だと笑い話だが，契約書では問題になりかねない。例えば，次のような条文である（要するに，上のパーティーでの会話と同じことである）。

> J may purchase X and Y.
> ―――――――――●―――――――――
> JはXおよびYを購入できる。

両方のみ

そこで，「両方のみ」を厳密に意味するには，次のようにすればよい。

> J may purchase only both, but not either of, X and Y.
> ―――――――――●―――――――――
> JはXおよびYのいずれか一方ではなく両方のみ購入できる。

一方でもよい

逆に，「一方でもよい」を厳密に意味するには，次のようにすればよい（前頁 **両方でもよい** と同じ）。

> J may purchase X, Y or both.
> ―――――――――●―――――――――
> JはX，Yまたはその両方を購入できる。

④ 「すなわち」の "or"

"or" が「すなわち」という言い換えを意味する場合がある。

F may purchase 5,000 shares or 5% of the outstanding shares.

Fは5,000株すなわち発行済み株式の5％を買うことができる。

　普通に読むとこの条文は，「5,000株」または「発行済み株式の5％」のいずれかと読める。しかし，この条文を書いた当事者は，「5,000株」の根拠を説明するために，発行済み株式（100,000株）の5％に等しいという事実を付記したつもりだったとしよう。そうすると，後で争いが生じるおそれがある。現時点では「5,000株」＝「発行済み株式の5％」であるとしても，発行済み株式が増減すると，両者が等しくなくなるからである。

　このように，"or" が「すなわち」の意味で用いられているのではないかと疑われる場合には，誤解が生じないように修正すべきである。例えば，「5,000株」と数量が確定しているのであれば，"or 5% of the outstanding shares" を削除すべきである。

　一般に，契約書では同じことを重複して記載しないほうがよい。

(6) 用語が一貫しているか

　契約書中の用語が一貫していることを確認しなければならない。契約書においては，「同じ言葉は同じ意味，違う言葉は違う意味」という原則があり，これに反する用語法は争いのもとになる。

① 定義された語

　定義された語は一貫して用いなければならない。比較的多く見かける一貫していない例としては，秘密保持契約書における「秘密情報」を表す語がある。

例えば，「秘密情報」を "Confidential Information" と定義しているにも
かかわらず， "Proprietary Information"[10]， "Know-How"， "Trade Secret"
などさまざまな語があたかも定義された語であるかのように一文字目が大
文字になっていると，それらが何を意味するか不明である。定義された
"Confidential Information" を 意 図 す る の で あ れ ば， "Confidential
Information" に統一しておくべきである。

　なぜこのような不一致が生じたかを推測すると，いろいろな先例や
フォームから条文を寄せ集めて作ったからではないかと思われる。そのよ
うな方法で契約書を書く場合には注意が必要である。

② 用語のわずかな違い

　用語のわずかな違いが争いのもとになることもある。次の「契約の譲渡
を禁止する」という条文のどこが問題だろうか。

Neither party may assign or transfer this Agreement to any third
party, without the other party's prior written consent.
Notwithstanding the foregoing, either party may transfer this
Agreement to its wholly-owned subsidiary without the other
party's prior written consent.

いずれの当事者も，相手方当事者の事前の書面による同意を得ずに，本契
約をいかなる第三者にも譲渡または移転してはならない。上記にかかわら
ず，いずれの当事者も，その当事者の完全子会社に対しては，相手方当事
者の事前の書面による同意を得ずに本契約を移転できる。

10　訳語は問題でないとはいうものの，和訳するのが難しい単語である。「所有権の」，
　「財産権の」，「独占的な」などの意味があり，秘密保持契約の中で用いられる
　"proprietary information" は「財産的な価値のある情報」すなわち「秘密情報」と
　理解しておいてよい。もちろん，契約書中で厳密に用いる場合は定義すべきである。

　第一文は本契約の "assign" または "transfer" を禁止し，第二文は完全子会社に対する "transfer" は例外としている。それでは，"assign" と "transfer" との間に何か意味の違いがあるのかというと，じつは意味に違いはなく広く「契約を譲渡する」という意味を表すために同義語が繰り返して用いられているだけのことが多い。

　しかし，第二文に "assign" という語がないことにより，"assign" と "transfer" との間には何か意味の違いがあるのではないかとの疑問が生じ，次のような紛争が生じうる。

　なお，このような例を挙げる目的は，用語のわずかな違いにより紛争になるおそれがあることと，後からは何とでも議論できることを示すためだけであり，このような主張が成り立つかとか，どちらの主張が正しいかなどを述べるためではないことに，ご注意いただきたい。

　さて，紛争の筋書きに戻ると，当事者Jが完全子会社に対し会社分割によって本契約を引き継がせようとしたところ，相手方Fが「それは "transfer" ではなく "assign" だから，第二文によって認められる例外に該当せず，禁止される」と異議を唱えてくることが考えられる。

　これに対し，Jには次のような反論が考えられる。第1に，「そもそも会社分割は "transfer" にも "assign" にも該当しない。なぜなら，"transfer" と "assign" は特定承継を意味するのだが，会社分割は一般承継だからである。したがって，会社分割は第一文によっても禁止されない」という反論である。

　しかし，会社分割という制度が相手国にない場合もあるし，類似の制度がある場合でも日本の会社分割とまったく同じということはあり得ない。また，「特定承継」と「一般承継」という違いが存在する法制と存在しない法制があり，議論にならない可能性もある。

　第2に，「会社分割は "transfer" に該当するので，第二文が適用され，例外として認められる」という反論がある。この議論は上記第1の反論と

同様に神学論争の様相を呈し，おそらく決着はつかないと思われる[11]。

第3に，「第二文には明記されていないが，"assign" も当然認められるという解釈が合理的だ」という反論も考えられる。しかし，第二文に "assign" と書いていないからこそ，問題になっているのである。

実際に紛争が起きた場合には，通るかどうかは別として，このような反論をひねり出す必要がある。しかし，契約交渉の途中ならば，「この第一文と第二文の言葉の違いにより，問題が生じるおそれがあるのではないか」という視点を持ち，用語を統一しておくのがよい。

なお，実際に会社分割などが予想されるのでこのような解釈の違いが生じないように予防策を講じておく必要がある場合には，日本の会社法上の会社分割などが本条の "assign" や "transfer" に含まれることを明記するのが最善である。

(7) 矛盾はないか

条文の間に矛盾があると，どちらが正しいか分からず，それぞれの当事者が自分に有利な条文の適用を主張して争いになる。

共同開発の成果として取得した知的財産権を利用して製造した製品が第三者の権利を侵害していた場合の処理について定める，次のような条文があったとしよう。

F shall indemnify J from any damage caused by infringement of the Products upon any third party's intellectual property right.

---

11 会社分割は「譲渡」に該当するか，それとも「移転」に該当するかなどと，日本語に置き換えて議論することは意味がない。本文では訳し分けるために「譲渡」，「移転」という言葉を用いているが，そもそも "assign"，"transfer" は「譲渡」，「移転」と1対1対応で同義ではないからである。

本製品の第三者の知的財産権に対する侵害により生じた損害につき，Fは
Jを補償する。

J shall indemnify F from any damage caused by infringement of
the Products upon any third party's intellectual property right.

本製品の第三者の知的財産権に対する侵害により生じた損害につき，Jは
Fを補償する。

　これでは，どちらがどちらを補償するのか不明である。このように並べ
て書くと，こんな単純な誤りをすることなどあり得ないと思われるだろう。
しかし，実際の契約書で，もっと複雑な内容の矛盾がページを隔てた別の
条文中に埋もれていると，気づかないおそれがある。

(8) 無駄はないか

　無駄がないかを検討し，無駄を省いておくべきである。これは省資源
（紙）のため……でもあるが，本書の文脈からは，争いの余地が生じるお
それを回避するためである。

① 単に不要である

　ある単語が単に不要な場合がある（本章冒頭の地下鉄車内の「お願い」
における"unclaimed"）。次の条文ではどうだろうか。

If ... occurs, J shall promptly dispatch notice to F within 10 days.

……が発生した場合，Jは10日以内に速やかにFに通知を発送しなければ
ならない。

どこが無駄かとお思いになるかもしれないが，"promptly"が無駄である。すなわち，「10日以内」と期限が明記してあるのだから，その期限内に通知を発送すればよいのであり，"promptly"は入れる意味がない。

むしろ，"promptly"があることにより紛争になるおそれがある。例えば，Jがすぐに通知できたにもかかわらず期限いっぱいの10日目に通知を発送したためにFが損害を受けたとすると，Fは「Jが"promptly"に通知しなかったから損害が発生した」と主張するだろう。"promptly"が入っているおかげで，"promptly"が大前提でかつ「10日以内」と規定されているとも読めてしまうのである。

② 重複している

重複している定めがあったなら，一方を削除するのがよい[12]。

Article P

F shall not sell the Products outside Japan.

第P条

Fは本製品を日本以外で販売してはならない。

Article Q

F may sell the Products only in Japan.

---

12 岩淵悦太郎編著『悪文（第三版）』（日本評論社，1979）131頁は，「略しすぎとダブったものとどちらがいいかと言えば……ダブりのほうがいい。省略してしまっては，全く筆者の予想もしないような解釈が成り立つことがあるかもしれないが，ダブったものは，多少うるさいと思われても，そのための誤解だけは起こりえない」と説く。たしかに，単に重複しているだけならば害はないが，それが原因で矛盾を生じるおそれがあるという意味で害になる。

> 第Q条
> Fは本製品を日本のみで販売できる。

　第P条と第Q条は同じことを両面から言っているだけである。「同じことなら重複していても害はないではないか」と思われるかもしれない。しかし，交渉の結果，Fは日本だけではなく韓国でも販売できるとの合意が成立し，第Q条が以下のように修正されたとする。

> Article Q
> F may sell the Products only in Japan and South Korea.
>
> ───────────────●───────────────
>
> 第Q条
> Fは本製品を日本と韓国のみで販売できる。

　このように第Q条だけを修正して第P条を修正し忘れると矛盾が生じる。したがって，重複している条文はそもそもないほうがよいのである。どちらを残すのがよいかというと，積極的に「……できる」と規定している第Q条を残すほうがより明確になると思われる。

　なお，「明らかな誤記なのだから，後で気づいても争いにはならないだろう」と考えてはいけない。交渉した担当者が在籍し，交渉途中の案文や通信などが残っている間は何とかなるかもしれないが，時を経て交渉の経緯や関係書類が分からなくなった後に問題が発生した場合には，契約書の記載のみが頼りになり決着できない。

⑼ 書き落としはないか

　まさか売買契約書で売買代金を書き落とすなどということはないと思うが，当然と思い込んでいる事項を書き落としてしまうことがある。そして，書かれていない事項については異なった解釈ができるため争いになりうる。

① 「当然」か

広告代理店のJとFが日本で業務提携することに合意して締結した契約書に，次のような条文があるとする。なお，Xは契約締結時においてFがすでに仕事をしている顧客である。

F may work for X in Japan.

Fは日本において，Xのために仕事することができる。

数年後に，FがYという新規の顧客の仕事を始めようとしたときに，Jが「契約違反だ」とクレームをつけた。新規の顧客については契約書に書かれていないのに，なぜJはそう主張したのだろうか。

時間は契約交渉の時点までさかのぼる。Fは「業務提携はそれとして，独自の活動も続ける」と考えていた。実際にその時点でFは日本でXという顧客のために仕事をしており，その仕事は続ける予定だった。そこで，Fとしては「Xのことが問題になるといけない」と思い，念のために「Xのために仕事できる」という，この条文を提示した。

これに対し，Jは「Fが業務提携を行う以上，Jと競合する活動をしてはいけないのは当然だ」と考えていたが，「今いるお客さんの仕事をやめろとまでは言えない」と思い，この条文を入れることに同意した。このように，JとFとで，この条文の背後にある前提が異なっていたため，紛争が生じたのである。

「書かれていないこと」を議論する「技術」を本件に当てはめると次のようになる。Fは「あらゆるお客さんの仕事をできるのは当然であるが，Xについて問題になるといけないので，『とくに一例として』規定した」と主張し，Jは「いかなるお客さんの仕事もしてはいけないのが当然であるから，『Xのみを例外として』規定した」と主張する。このように，書かれていないことは，どのようにも議論できる。

Jは自分の立場を明らかにするために，次のような条文を提示しておくべきだった。

F shall not work for any customers in Japan. Notwithstanding the foregoing, F may work for only X in Japan.

Fは日本において，いかなる顧客の仕事もしてはならない。上記にかかわらず，Fは日本において，Xだけのために仕事することができる。

他方，Fとしては次のような条文を提示しておくべきだったのである。

F may work for any customers in Japan, including but not limited to X.

Fは日本において，Xを含むがそれには限らずいかなる顧客のためにも仕事することができる。

寝た子を起こす

このような明確な条文を提示することに対し，交渉の現場から苦情が出ることがある。すなわち，「そんな露骨な条文を入れたら，まとまる話もまとまらなくなってしまう」という苦情である。

しかし，なぜ契約書を作るのかという理由に立ち戻ると，むしろ「寝た子を起こしてよかった」と言うべきである。**解釈が分かれるおそれのある条文を発見し，その点を明確化しておくことにより，将来の紛争が予防できる**からである。

仮にある問題を提起したために立場の相違が明らかになり，そのように立場を異にする相手とは契約できないということになったら，それはそれでやむを得ないと前向きに考えるべきである[13]。

② 「除く」と，どうなるか

契約の解除を定める次のような条文がある。当事者はそれぞれ「当然こういう意味だ」と思っているかもしれないが，実はどちらであるか明らかではない。

If F breaches any provision of this Agreement, J may terminate this Agreement by giving 14 days prior written notice to F (except if F fails to make payment on the due date).

Fが本契約の条項に違反した場合，Jは14日以前に書面によりFに通知し，本契約を解除できる（Fが支払期日に支払わなかった場合を除く）。

紛争は，Fが支払期日に支払わなかった場合に発生する。Jは「本契約をただちに解除できる。なぜなら，（　）内の定めにより，14日以前の通知は不要だからである」と主張する。

これに対し，Fは「本契約を解除できない。なぜなら，（　）内の定めにより，この条文は適用されないからである」と主張する。「除く」とあるだけで，「何から除くのか。除いたらどうなるのか」が書かれていないため，このような解釈の相違が生まれてしまう。

Jの解釈を明らかにするためには次のようにすればよい。

If F breaches any provision of this Agreement, J may terminate this Agreement by giving 14 days prior written notice to F. Notwithstanding the foregoing, J may immediately terminate this Agreement if F fails to make payment on the due date.

13　本文に述べたのはあくまでも建前であり，高度なビジネス判断によって，リスクを承知しつつぎりぎりの妥協で契約を結ぶことを否定するわけではない。しかし，少なくともリスクを「承知しつつ」という点が重要である。

Fが本契約の条項に違反した場合，Jは14日以前に書面によりFに通知し，本契約を解除できる。上記にかかわらず，Fが支払期日に支払わなかった場合，Jは本契約をただちに解除できる。

　日本語の契約書でもよく見かける，「……の場合を除く」，「……の場合はこの限りでない」，「……の場合には適用されない」などの表現も，争いのもとになるおそれがある。書いた本人にとっては，「……の場合」どうなるかは当然のことなのかもしれないが，相手が同じ理解であるとは限らない。

　「裏」だけを規定するのではなく「表」を規定しようと意識することにより，そのようなあいまいさをなくすことができる。

⑽　実行できるか

　実行できない条件に合意してしまうと，契約を守れなくなる。

By the end of each month, J shall provide F with financial statement covering each such month.

各月末までに，JはFに対しその月の決算書類を提出しなければならない。

　「これは物理的に無理だ」とおっしゃるだろう。それでは期限を延ばしたらどうか。

By the 5th day of each month, J shall provide F with financial statement covering each previous month.

各月５日までに，JはFに対し前月の決算書類を提出しなければならない。

これが実行できるかどうかは契約交渉を担当している人だけでは判断できず，社内の関係部署に確認する必要がある。「この契約を結んだ場合，現場で動く人たちが何をしなければならないか」を映像で思い浮かべてみると，「実行できるかどうか」を見落とすおそれが低くなる。

4 どのように書くか

1 「読む」に耐えるように書く

　よい英文契約書とは，これまで説明してきた「読み方」で「読む」に耐える契約書であると言える。そのような契約書を書くためには，ひとまず書いた案文を読んで，問題があればそれを改善していく作業が必要である。「英文として」誤解のないように正確に書かれているかをまず検討し，次に「契約書として」十分な内容になっているかを検討するわけである。

　したがって，「読み方」が上達すれば「書き方」も自動的に上達する。本書では読み方に重点を置いているが，問題がある条文の書き直し方も随所で検討しており，読み進めれば「読み方」と「書き方」が並行して上達するものと期待する。

2 契約書らしくなく／契約書らしく書く

　英文契約書を書く場合に注意すべき点は，上に述べたように，英文として正確で契約書として十分なものにするということに尽きるが，ここでは以下の2点にまとめておく。

(1) 契約書らしく書こうとしない

　「契約書らしく書こうとしない」の意味は，形を契約書らしくしようという強迫観念に駆られなくてよいということである。難しい専門用語を多用しなければいけないとか，複雑で持って回った言い回しを使わなくてはいけないとか，1つの文にまとめなければいけないなど，形式にこだわる必要はないという意味である。

表から言うと，分かりやすい語や文型でまったく問題なく，むしろその
ほうがよいということになる。こう思うだけで，英文契約書を書くときに
相当気が楽になると思う。

⑵ 契約書らしく書く

「契約書らしく書く」の意味は，内容を契約書らしくしなければならな
いということである。そのために必要なのは，上に述べたように，契約書
を読んで問題を指摘できる力である。

第2章

英文契約書を読んでみよう
〜売買契約書〜

　本章では，第1章「英文契約書にアプローチしよう」で説明した「読み方」を実際に応用して，簡単な売買契約書の例文を読む。

　第1節「『形』を知ろう」では，契約書全体の構成とそれぞれの箇所における注意点を概説し，第2節「条文ごとに読んでみよう」では，実際に条文ごとに読んでいく。「英文」としての読み方と「契約書」としての読み方が同時並行的に出てくる。

1 「形」を知ろう

本章では，簡単な売買契約書を素材にして条文ごとにポイントを検討する。その導入として，まず英文契約書はどういう「形」をしているかを検討する。英文契約書には伝統的に決まった「形」があり，どこに何が書いてあるか，それぞれの箇所で何に気をつけたらよいかをおおまかに知っておくことが有用である。

ただし，後でも述べるように，こういう「形」をしていない書類でも契約書としての効力を認められることがあることに注意すべきである。

前提事実

日本のJ社は，自社製品に使用する部品を，海外のF社から継続的に購入しようと考え，F社との間で長期売買の基本契約を交渉中である。F社から提示されたドラフトを検討する。

英文契約書には伝統的に決まった「形」がある。そこではじめにその全体像を示し，次に，「題名」，「頭書」，「前文」，「本文」，「後文」，「サイン欄」と，順に検討する。

| 題名 | -------- | **SALE AND PURCHASE AGREEMENT** |

| 頭書 | This Agreement entered this 1st day of April, 2020, between the Electronics Products Division of ABC Corporation, a company organized and existing under the laws of the State of California, having its principal |

place of business at ..., California, U.S.A. (hereinafter referred to as "F") and XYZ Kabushiki Kaisha, a company organized and existing under the laws of Japan, having its principal place of business at ..., Tokyo, Japan (hereinafter referred to as "J"),

WITNESSETH:

WHEREAS, F manufactures and sells the Products (defined below), and is desirous of selling the Products to J, and

WHEREAS, J is desirous of purchasing the Products exclusively from F, with the commitment of regularly purchasing at least certain quantity,

NOW, THEREFORE, in consideration of the parties' obligations hereunder, the parties agree as follows:

前文

Article 1 (Definitions)

The word "Products" shall mean ... and are manufactured by F.

The word "Specifications" shall mean the specifications described in Exhibit A attached hereto. F will manufacture the Products in compliance with the Specifications.

本文

（中略）

Article 23 (Discussion)

Any matters not provided herein or any doubt in interpretation of any provision hereof shall be settled through mutual discussion in good faith between the parties hereto.

後文

IN WITNESS WHEREOF, the parties hereto have caused this Agreement to be executed by their duly authorized representatives in duplicate as of the day and year first above written, each party retaining one original.

サイン

F: ABC Corporation

Name:
Title: CEO
Date: April 5, 2020

J: XYZ Kabushiki Kaisha

Name:
Title: President/Representative Director
Date: April 10, 2020

2 条文ごとに読んでみよう

　それでは，簡単な売買契約を素材にして，条文ごとに検討する。それぞれの条文では，まず英文と和訳を挙げ，次に英文中に「①」「②」などの注をつけた部分を検討し，引き続きそれ以外の事項を取り上げることにする。したがって，注番号がないにもかかわらず，項目番号だけが続いている箇所がある。なお，例文はけっして模範例ではなく，説明のために多々の不備を盛り込んであることにご注意いただきたい。

1　題　名

SALE AND PURCHASE AGREEMENT
・
売買契約

　契約書には，通常「題名」がある。

① 題名に法律上の意味はない

　題名自体には法律上の意味はなく，題名と内容が自動的に連動しているわけではない。すなわち，ある題名をつけたらこのような条項を入れなければならないとか，逆に，ある条項が入っていたらこのような題名をつけなければならないなどの決まりはない。

　物を売買する契約の題名としては，"Sale"，"Purchase"，"Export"，"Import" や "Sale and Purchase" など何でもよく，"Agreement" と "Contract" のどちらでもよい[14]。また，本件のように，単発の売買ではなく複数の売買に横断的に適用される基本契約である場合には，そのことを

明らかにするため，"Master Purchase Agreement"，"Basic Purchase Agreement" などという題名にすることもある。

② "Letter of Intent"—法律的な効力の有無を明らかにする

「題名」に関連し，問題になるおそれのある文書がある。それは，"Letter of Intent"，"Memorandum of Understanding"，"Heads of Agreement"，"Term Sheet" などと呼ばれる文書である。

これらの文書は，大規模な取引で長い交渉が予想される場合に，交渉を開始する時点や大筋において合意できた時点で，当事者間の了解事項を書き留めておくものであることが多い。もちろん題名に法律上の意味はないので，例えば "Memorandum of Understanding" という書類がそれだけで独立した契約書になっている場合もあるが，ここでは，上に述べたような中間的な合意を書いた文書をまとめて "Letter of Intent" と呼び検討する。

"Letter of Intent" につき，「法律的な効力はなく，違反しても法律的な責任は問われない」と断言しているかのように見える見解もあるが，法律的な効力の有無は不明であると考えるのが賢明である。

諸外国においては，"Letter of Intent" の法律的な効力の有無をめぐり争いになった例が多々ある[15]。日本においても，"Letter of Intent" と同様の趣旨と考えられる「基本合意書」という文書（の一部の条項）の法律的な効力を認めた判例があり[16]，また，"Memorandum of Understanding" という文書の法律的な効力を肯定した判例と否定した判例がある[17]。そも

---

14 "agreement" と "contract" につき，前記　第 1 章**2**の**3**(1)「agreement/contract（合意／契約）」（6 頁）。

15 則定隆男『契約成立とレター・オブ・インテント─契約成立過程におけるコミュニケーション』（東京布井出版，1990）。

16 最判平16.8.30（判例タイムズ1166号131頁。仮処分）。東京地判平18.2.13（判例タイムズ1202号212頁。本訴，控訴審で和解）。UFJ信託銀行との統合をめぐる住友信託銀行と三菱東京フィナンシャル・グループとの争いである。

そも，このように争いが起きていること自体，"Letter of Intent"の危険性を物語る。

　繰り返しになるが，"Letter of Intent"とか"Memorandum of Understanding"などの題名によって法律的な効力の有無が決まるわけではなく，事案に応じて判断される。

　そこで，法律的な効力の有無をめぐる争いを避けるためには，効力の有無を明記する条文を入れるのがよい。

This letter only expresses the parties' mutual understanding, and is not intended to constitute a binding agreement to consummate the transaction described herein nor an agreement to enter into a definitive agreement.

本状は両当事者の了解を示したものにすぎず，ここに記載された取引を実行したり，最終契約書を締結したりすることについての拘束力のある合意となることを意図したものではない。

　なお，ビジネス上の取決めについては法律的な効力はないと定め，「秘密保持義務」や「独占交渉義務」（一定期間，同種の取引について第三者と交渉しない義務）には法律的な効力があるなどと，条文ごとに効力の有無を定めることもしばしばある。

2　頭　書

① ⋯⋯⋯ <u>This Agreement entered</u> this 1st day of April, 2020, between the Electronics Products <u>Division</u> of ABC ⋯⋯②

17　肯定例—知財高判平22.9.29（刊行物未登載）。否定例—東京高判平12.4.19（判例時報1745号96頁）。

> Corporation, a company organized and existing under
> the laws of the State of California, having its principal
> place of business at ..., California, U.S.A. (hereinafter
> referred to as "F") and XYZ Kabushiki Kaisha, a
> company organized and existing under the laws of
> Japan, having its principal place of business at ...,
> Tokyo, Japan (hereinafter referred to as "J"),
>
> ---
>
> 2020年４月１日付けで，カリフォルニア州法に基づき設立され
> 存続し本店を米国カリフォルニア州……に有するABCコーポ
> レーションの電子製品部（本契約中で以下「F」という）と，
> 日本法に基づき設立され存続し本店を日本国東京都……に有す
> るXYZ株式会社（本契約中で以下「J」という）との間で締結
> された本契約は，

　契約書の冒頭の部分は「頭書」と呼ばれ，契約日，当事者などが記載される。

①　"is" が抜けているわけではない

　冒頭の "This Agreement" と "entered" との間に "is" が抜けているのではないかとの疑問をお持ちになるかもしれない。しかし，これは誤りではない。

　かつて契約書は全体を「１つの文」で書かなければならなかった。その名残で，英文契約書の多くは，"This Agreement" が主語で，"entered"（"that is entered" という意味）が "This Agreement" を修飾し，前文との間の "WITNESSETH"（証する）が動詞で，それ以降が目的語という，著しく長い１つの文という建前になっている。

　現在では契約書全体を一文で書くことは要求されていないので，"is"を入れて"This Agreement is entered ..."として，独立した一文にする場合もある。形式の問題と割り切るのがよい。

②　"Division"―法律的な位置づけを明確にする

　相手が提示してきた契約書案に，当事者名が"Division"や"Department"などと表示されていることがある。これは何かを明らかにしなければならない。おおむね2つの場合が考えられる。

　第1に，"ABC Corporation"が法人格としては1つの会社であり，"Division"とはその会社の中の一部門を意味する場合がある。そのような場合，一部門が独立して権利を有し義務を負うわけではなく，会社全体が当事者として義務を負うのであるから，当事者名としては会社全体を記載すべきである。そして，その部門の担当者が，会社全体を代表して契約を締結する権限を有するかどうかを確認するのがよい。

　第2に，相手方の企業グループ内で製品群や地域ごとに子会社が設立されており，相手方グループ内で"Division"と呼ばれているものが，じつは法律的には独立した子会社である場合がある。そのような場合，契約書の当事者としては，その子会社の正式な名称を記載すべきである。後日，その"Division"が廃止（子会社が解散）されたり，他社に売却（子会社株式が譲渡）されたりすると，契約の相手方を特定し責任を追及するのが困難になるおそれがある。

　一般に，親会社（または子会社）との契約が自動的に子会社（または親会社）も拘束するわけではない。契約を結ぼうとするときには，相手方として適切な当事者を選ぶべきである。しかし，実際にはそうするのが難しいこともある。

　例えば，多国籍企業同士で共同開発を行うにあたり，それぞれの関連会社が有する秘密情報を相手方グループ内の関連会社に相互に開示し合うと

いう秘密保持契約を結ぶ場合がある。そのときに，全世界の関連会社をすべて当事者にするのは現実的ではないため，一番上の親会社同士で契約を結び，「この契約はそれぞれの関連会社をも拘束する」というような条文を入れることがある。この条文の法律上の意味は，「親会社は関連会社をして守るようにさせ，違反があったら親会社が責任を負う」というものであり，それで十分だと考えるのであれば，このような契約の仕方を否定するものではない。

3　前　文

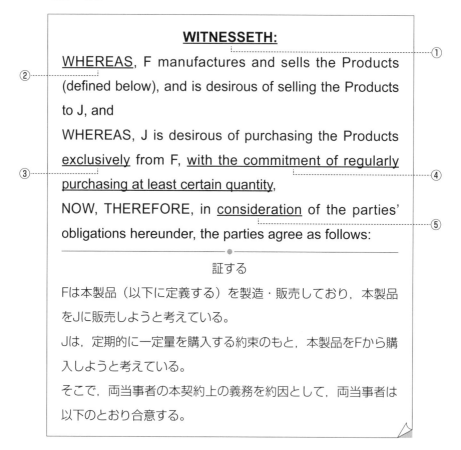

WITNESSETH:

WHEREAS, F manufactures and sells the Products ①
(defined below), and is desirous of selling the Products ②
to J, and

WHEREAS, J is desirous of purchasing the Products
exclusively from F, with the commitment of regularly ③ ④
purchasing at least certain quantity,

NOW, THEREFORE, in consideration of the parties' ⑤
obligations hereunder, the parties agree as follows:

証する

Fは本製品（以下に定義する）を製造・販売しており，本製品をJに販売しようと考えている。

Jは，定期的に一定量を購入する約束のもと，本製品をFから購入しようと考えている。

そこで，両当事者の本契約上の義務を約因として，両当事者は以下のとおり合意する。

「前文」（"Whereas clauses" とか "Recitals" などと呼ばれる）には，契約を締結した経緯，当事者の関係，契約の概要などが記載され，法律上の効力はないとされている。歴史的な意味しかない形式的な部分とも言えるため，「前文」がない契約書もしばしば見受けられ，「前文」がなくても契約書の効力には問題ない。

① "WITNESSETH"

"WITNESSETH" とは "witness"（証する）の三人称単数現在の古い活用形である。契約書の冒頭の "This Agreement" が主語で，この "WITNESSETH" が動詞で，"WITNESSETH" より下の契約条項すべてが目的語で，契約書全体が一文ということになる（前記**2**①「"is" が抜けているわけではない」（46頁））。なぜすべて大文字で中央に書くかというと，歴史的にそうなっているから……である。

② "WHEREAS"

"WHEREAS" は「……なので」というような意味で，前文の各段落を導くための決まり文句である。

③ "exclusively"―**合意していないことを書いてはいけない**

前文には法律的な効力はないとされているが，だから何が書いてあってもかまわないというわけではない。

"exclusively" とは「独占的に」，「排他的に」，「専属的に」という意味で，この文脈では「JはF以外からは本製品を購入しない」ということになる。そのような義務が契約書の本文に規定されていなければ，JはF以外から本製品を購入してもよいはずである。しかし，前文にこのような記載があると，Fが「JはF以外からは本製品を購入しないと約束している」と主張して争いになるおそれがあるため，Jとしては "exclusively" を削

除するよう要求すべきである。

　法律的な効力がないとは言っても，前文もきちんと読み，合意した条件のみが書かれており，合意していない条件は書かれていないことを確認しなければならない。

④ "commitment"—相手に有利な主張の根拠を与えることを書いてはいけない

　さらに，"with the commitment of regularly purchasing at least certain quantity"も問題である。

　例えば契約書の本文に，Jが"forecast"（予測）や"target"（目標）をFに対して提示するという条文が規定されていたとしても，Jが一定量を購入する「義務を負う」と明記されていなければ，Jはそのような義務を負わないものと考えられる。ところが，このように前文に"with the commitment"と書かれていると，「Jが一定量の購入を約束した」と主張する根拠をFに与えることになる。したがって，Jとしては"with the commitment ..."の部分を削除するよう要求すべきである。

　なお，この例文では，Jは予測を提出した数量を発注する努力義務を負うと定められている（後記第3条，56頁）。

失敗の原因

　ところで，なぜ③や④のような記載が見逃されるかというと，Fが提示してきた最初の案文にはこれらの義務が本文中に書かれていたが，Jが交渉によりそれらを削除させたというような筋書きが考えられる。Jは，本文からは削除させたが，前文に同様の記載があることを忘れてしまっていたのである。

　契約書は隅から隅まできちんと読み，どこにどのような記載があったかを熟知して交渉に臨まなければならない。

⑤　"consideration"

　"consideration" は「約因」と訳され，おおむね「対価」というような意味の，英米の契約法上の概念である。準拠法が日本法の場合であっても，慣習上書かれていることが多い（前記第1章**2**の**3**(3)「consideration（約因）」（8頁）。

4　本　文

第1条（定義）

Article 1 (Definitions)

The word "Products" <u>shall</u> mean … and are <u>manufactured by F.</u>

The word "Specifications" shall mean the specifications described in Exhibit A attached hereto. F <u>will</u> manufacture the Products in compliance with the Specifications.

①　②　③

第1条（定義）

「本製品」という単語は，……でFが製造するものを意味する。

「本仕様」という単語は，添付の別紙Aに記載された仕様を意味する。Fは本仕様に従って本製品を製造する。

　この契約の中で用いられる言葉を定義する規定である。定義された言葉は，単語の1文字目またはすべてを大文字にするのが通例である[18]。また，"the" をつける場合と，あたかも固有名詞のように "the" をつけない場合がある。定義の仕方によって，当事者の権利義務の範囲が意図していたものと異なってしまうなど思わぬ結果になるおそれがあるため，慎重に検

18　上記第1条の "Specifications"（本仕様）は定義された言葉を表し，"specifications"（仕様）は一般的な言葉を表す。

討すべきである。

① "shall"──義務を表す

　英文契約書で用いられる "shall" は，当事者の義務または「……もの
とする」という契約上の決めごとを表す。「定義は義務ではないので，定
義規定で "shall" を用いるのはおかしく，単に "means" にすべきであ
る」という意見も見受けられ，厳密にはそうかもしれないが，「この用語
はこういう意味だと，契約上合意する」という意味だと考えれば "shall"
で誤りとまでは言えないように思え，現に "shall" を用いている契約書
は多数見受けられる。

② "manufactured by F"──不要ではないか

　「本製品」が「Fが製造する」ものであることが必須ならば，このよう
に書いておかなければならないが，そうでなくてもよいならば削除するの
がよい。

　例えば，この契約書の中に，「不可抗力により契約を守ることができな
くなった場合，Fは契約違反の責任を負わない」という条文があったとす
る。「Fが製造する」製品と定義されていると，Fの工場が不可抗力で稼働
できなくなった場合，Fは責任を負わないと主張しそうである。

　これに対し，「Fが製造する」がなければ，Fの工場が不可抗力で稼働で
きなくなっても，Fは他の方法で調達してJに販売しなければならないと，
Jは主張できる。

③ "will"──意味が不明確である

　英文契約書で用いられる "shall" は義務を表すことが明確なのに対し，
"will" の意味は不明確である。

　英文契約書においては「同じ言葉は同じ意味，違う言葉は違う意味」と

いう原則がある。義務を表すために"shall"が用いられているにもかかわらず，このように"will"も登場すると，「"F shall ..."ではなく"F will ..."と書かれているのだから，Fは仕様に従って製品を製造する義務を負うわけではない」などと主張する口実をFに与えるおそれがある。

「Fは仕様に従って製品を製造する義務がある」ことを明確にするためには，この"will"を"shall"にすべきである。しかし，実は問題はこれだけではない。

④ 定義以外のことを書いてはいけない

さらに問題なのは，この一文の存在それ自体である。定義規定は用語の定義を定めるものであるのに，Fの義務（らしきもの）が混じっている。このような混乱は望ましくなく，定義規定からこの一文を削除し，義務は別の独立した条文に規定すべきである。

他に見かける同様の例としては，次のようなものがある。定義規定に紛れ込んでいると，このように重要な（そして不利な）条件を見落とすおそれもある。

The word "Prices" shall mean the prices of the Products. F may from time to time change the Prices at its sole discretion.

「本価格」という単語は本製品の価格を意味するものとする。Fは，随時，独自の裁量により，本価格を変更できる。

---

⑤ 「製品」をどのように定義するか

売買契約において最も多い紛争は品質である。機械や部品などであれば，この例文のように，「仕様」を決めてその仕様に従ったものを販売する義務を定めれば済むかもしれない。

しかし，服飾や雑貨などの場合，品質を定義するのは難しい。事前に試作品を作り両者が合意できたものをサンプルとして保存し，「サンプルどおりのもの」などとすることも検討の余地がある。

第2条（売買）

① ┄┄

Article 2 (Sale and Purchase)
F shall sell the Products <u>manufactured by F</u> to J, and J
shall purchase the Products from F <u>for the purpose of</u>
<u>incorporating them in the products to be manufactured</u>
<u>by J</u>.

┄┄ ②

――――――――――――――――――――

第2条（売買）
FはFが製造した本製品をJに販売し，Jは自己の製造する製品に組み込む目的で，Fから本製品を購入するものとする。

本契約が，Fを売主としJを買主とする売買契約であることを示す。何でもない条文に見えるが，争いの元になるような記述がないか，検討を怠ってはいけない。

① "manufactured by F"―不要ではないか

前記第1条のように "Products" が "... and are manufactured by F" と定義されている場合，この第2条で "the Products manufactured by F" とすると，"manufactured by F" が重複してしまう。したがって，この第2条の "manufactured by F" を削除すべきである。しかし，これは明白な誤記の部類に属するので実害は少ない。

これに対し，上記第1条において "Products" の定義から "and are manufactured by F" をせっかく削除したにもかかわらず，第2条に

"manufactured by F" が入っていると問題である。なぜなら，これが入っていると，「Fは，第2条に従い，Fが製造したものを販売する義務を負うだけである」との主張をFから受けるおそれがあるからである。

　いずれにせよ，不要な事項が書かれていないか，あるいは不要な事項を削除し忘れていないかを検討すべきである。

②　"for the purpose of"―意図が不明である

　"for the purpose of incorporating them in the products to be manufactured by J" は，事実としてそのとおりであったとしても，契約上の意図が不明であり紛争のもとになる。すなわち，この記載をめぐり，両者が次のように主張する余地がある。

　Jとしては「本製品はJの製品に組み込むのに適した品質を有していなければならない」と主張できるのではないかと期待するかもしれない。しかし，そのような主張が通るかどうかは明らかではない。JがFにそのような保証をさせたいならば，保証の条項にその旨を明記すべきである。

　逆に，Fとしては，JがJの製品に組み込まずに転売したら，契約違反であると主張できるだろうか。これも明確ではない。FがJにそのような義務を負わせたいのであれば，「Jは本製品を自己の製品の部品として使用しなければならず，転売などその他の目的に使用してはならない」という条文を入れるべきである。

　まとめると，**当事者の権利や義務を定めるのではなく単なる事実を述べているだけの記載は，異なる解釈の余地が生じてしまうおそれがあるため，できるだけ入れないほうがよい。**権利や義務を定めたいのであれば，権利や義務であることがはっきりとわかる表現にしなければならない。

第3条（予測）

Article 3 (Forecasts)

(1) J shall submit a forecast of anticipated quantity of the Products to be purchased during the following calendar quarter at least <u>thirty (30) days</u> before the end of each calendar quarter <u>to F</u>; <u>provided</u> that for the period starting on the effective date of this Agreement and ending on the last day of the current calendar quarter, the forecast shall be ten thousand (10,000) units.

(2) J shall make its <u>best efforts</u> to order the Products in the quantity described in the forecast.

———————————●———————————

第3条（予測）

(1) 各暦四半期末の少なくとも30日以前に，Jは翌暦四半期において注文する本製品の数量の予測をFに提出しなければならない。ただし，本契約の効力発生日から現暦四半期の最終日までにおける予測は10,000台とする。

(2) Jは予測に記載された数量の本製品を発注すべく最善の努力を尽くさなければならない。

本製品の購入数量の予測を規定する。ポイントになるのは「予測」の意味，すなわち，どちらの当事者がどのような義務を負うのか負わないのかである。

① "thirty (30) days" ──可能か

まず言葉の問題だが，"thirty (30)" という書き方は，日本語で言うと

「参拾（30）」のように，書き換えを防ぐためのものである。

　次に内容に入ると，この期限で予測が準備できるかどうかを確認する必要がある。もっとぎりぎりにならないと予測が立たないのであれば，「15日前」とか「暦四半期末まで」などと修正すべきである。しかし逆に，あまり直前になったのでは，Fの製造計画が間に合わないというような事情もあると思われるため，両者にとって実行可能な線で合意することになる。もっとも，予測をどれくらい厳密に立てるかはその意味合い次第で（後記⑤「『予測』の意味」），何らかの義務を負うのであれば，より慎重に検討する必要がある。

② “to F” の位置─条文をわかりやすく構成する

　この条文は以下のようにいろいろな点から構成がわかりにくい。

　第 1 に，“the following calendar quarter” が突然登場し，そのあとで“each calendar quarter” が登場するため，前後関係が一瞬混乱するおそれがある。第 2 に，“to F” が “submit” から離れており，“to F” がどこにかかるかを確認するために “submit” に戻らないといけない。

　それらを改善すると次のようになる。おそらく，このほうが読みやすいとお感じになるのではないかと思う。

> At least thirty (30) days before the end of each calendar quarter, J shall submit to F a forecast of anticipated quantity of the Products to be purchased during the following calendar quarter.

　このように，英文契約書を読みにくくしている原因が，英文契約書固有のものではなく，書いた人の整理の悪さであるということも多々ある。そのために「英文契約書は難しい」と敬遠されているのだとすれば残念である。自分で分かりやすいように整理して書き直すと，抜けや矛盾などの不

備を見つけやすくなる。

③ "provided"―例外を忘れないこと

"provided" は「ただし」または「以下を条件として」というような意味で，その前に書かれていることに対して例外を定めたり条件をつけたりする場合の導入として用いられる言葉である。

ここでは，契約日において経過中の暦四半期についての予測を規定している。細かいことに見えるかもしれないが，このように契約の最初や最後の半端な期間についての定めも忘れないことである。

④ "best efforts" に注意

日本法が準拠法であれば，「最善の努力をする」という定めはそれほど厳しいものにはならないと思われる。しかし，外国法が準拠法になる場合，意外に厳しい義務を意味する可能性があるので，手堅くするのであれば現地の専門家に "best efforts" とはどの程度の義務であるかを確認するのがよい。

⑤ 「予測」の意味

「予測」と言っても，その法律上の意味は一義的ではない。すなわち，「予測」につき，いずれかの当事者がどのような義務を負うのか，または負わないのかが不明確である。

例えば独占的販売店契約（exclusive distributorship agreement）で，販売店（distributor）が一定期間に最低でも一定の数量を購入しなければならないと規定されることがしばしばある（minimum purchase obligation）。しかし，この例文のような単なる長期売買契約で買主側が最低購入義務を負うということは，それほど頻繁ではない。

この条文では，Jが予測した数量を発注する「努力義務」を負うと定め

られている。「努力義務」といえども，このような義務を負ってよいかどうかを検討すべきである。言うまでもないが，義務はなるべく負わないほうがよいからである。

受注義務

　逆に，Jが安定供給を確保したいのであれば，予測した数量までは「受注する義務」をFに負わせるということも考えられる。次のような条文になる[19]。

> As long as the aggregate quantity ordered by J during the current calendar quarter is within the quantity described in the forecast, F shall accept orders placed by J.
>
> ───────────────●───────────────
>
> 現暦四半期中にJが注文した数量が予測の範囲内である限り，FはJの発注を受注しなければならない。

　なお，このような義務が明示的に規定されていない限り，いずれの当事者もいかなる義務も負わないと解釈されると考えられる[20]が，念のために次のような一文を入れて確認しておくこともある。

> The forecast shall have no legal effect whatsoever, and neither party shall owe any obligation with regard to the forecast.
>
> ───────────────●───────────────
>
> 予測にはいかなる法律上の効力もなく，いずれの当事者も予測につきいかなる義務も負わない。

19　「販売店契約」においては，発注すれば必ず受注してもらえるという立場を確保することが重要であり，何らかの形で受注義務を規定するのがよい。
20　義務を負うかのような記載が前文にあると争いの元であることにつき，前記**3**④「"commitment"―相手に有利な主張の根拠を与えることを書いてはいけない」(50頁)。

いずれの当事者も義務を負わないのであれば「予測」を提出する意味は何かという疑問がわくと思うが，その場合は商売上の単なる目安にすぎないということになる。

第4条（価格）

Article 4 (Prices)

(1) The prices of the Products shall be those described in the price list attached hereto as Exhibit B.

①......... (2) F may from time to time change the price list at its ....②
sole discretion.

―――――●―――――

第4条（価格）

⑴　本製品の価格は，添付の別紙Bの価格表に記載されたものとする。

⑵　Fは，随時，独自の裁量により価格表を改定できる。

　製品の価格を規定する条文である。どのような場合に価格を改定できるかが問題である。

①　"F may"―Fの権利

　条文を見た瞬間に，「Fが」価格表を改定できると定められており著しくJに不利であることがわかる[21]。一般に条文を読む場合，以下の点を最初に把握すると，問題を発見しやすくなる。

- どちらが主体か（主語はJかFか）
- 権利か義務か（助動詞は"may"（権利）か"shall"（義務）か）

　これに対し，次のような条文ではどうだろうか。なお，あえて不自然に

直訳していることをご容赦いただきたい。

> At any time during the effective period of this Agreement, the price of any of the Products may from time to time as necessity arises be changed by F at its sole discretion.
>
> ──────────────●──────────────
>
> 本契約の有効期間中いつでも，いかなる本製品の価格も，必要が生じたときに随時，独自の裁量のもとFにより改定されることができる。

　この条文は回りくどく，わかりにくい。まず，受動態で書かれているため，どちらの当事者の権利なのか義務なのかが，少し読み進まないとわからない。

　次に，無駄な語句がある。「本契約の有効期間中」は書かなくても当然であり（これを書くとすると，すべての条文に書かなければならない），「いつでも」と「随時」が重複している。

　とは言っても，この条文はたかだか3行であり，読み違えるおそれはないと思われる。しかし，このような調子でさらに長く回りくどい条文が登場すると，「解読」に神経を使っているうちに，重要な事項を読み落としたり読み違えたりするおそれが高くなる。このような回りくどい条文は，何となく「契約書っぽく」見えるかもしれないが，それは思い違いであり，

21　本契約は売買の基本契約であり，Jが発注しない限り個別の売買は成立しない。したがって，Fの値上げをJが受け入れられないのであれば，JはFに発注しないで，より低い価格で提供してくれる売主を探せばよいだけのことになる。

そして，他の売主候補がFよりもさらに高い価格を提示するような状況であれば，JとしてはFから買うのが有利なのでFから買い続ければよい，とお考えになるかもしれない。しかしその場合，Fが価格を改定できるという定めがなければ，Jは当初に合意した低い価格で買えたはずであり，その意味で不利になる。

また，本契約と前提を異にし，JがFから購入する「義務」を負っている場合（販売店契約で最低購入義務（金額ではなく数量）を負っている場合など）には，Fが一方的に価格を改定できるという定めは，本契約の場合以上に大きな問題である。

明快な条文にすることを心がけるのがよい。

② "at its sole discretion"

"at its sole discretion" は，上に述べたように，「独自の裁量により」
という意味で，言うまでもなくJに不利である。それではこの語句を削除
するだけでよいかというと，そうでもない。そもそも「Fが」となってい
るのがいけないからである。

しかし，どうしてもFが譲らず，「Fが」改定できることに固執する場合，
この部分を少し変えて，やや改善する方法がないわけではない。

F may from time to time change the price list if objectively
reasonable grounds exist.

Fは，客観的に合理的な根拠がある場合，随時，価格表を改定できる。

こうすれば，「客観的に合理的な根拠」が具体的に何を意味するかが不
明確ではあるものの，Fの「独自の裁量」に比べれば議論の余地がある。

「明確だが著しく不利」 vs 「不明確だが，著しく不利よりはまし」

英文契約書の読み方の最初で，「後でこういう主張ができる」と考えて，
「はっきりさせる」ことを怠るのは正道ではないと述べた。

しかし，「明確だが著しく不利」と「不明確だが，著しく不利よりはま
し」とどちらがよいかと言われると，**許容できないほど不利だとすると，
ぎりぎりの判断で，不明確な（議論の余地がある）条文にしてもやむを得
ない場合もあると思われる。**今さらではあるが，「例外のないルールはな
い」[22]。

③ 「合意により」という定め─合意できない場合を考える

　このようにFが一方的に価格を改定できるのは，Jにとって不利である。それでは，Jはどうすればよいか。まず，価格は「合意により」改定すると定めることが考えられる。

F and J may from time to time change the price list.

─●─

FとJは，随時，価格表を改定できる。

　こう書くとFとJとの合意が必要ということになるが，「合意」をさらに明らかにするため，以下のように明記してもよい。

F and J may from time to time change the price list by agreement in writing.

─●─

FとJは，随時，書面による合意により価格表を改定できる。

　「合意により」改定できるという定めは一見合理的である。しかし，実はうまくいかないことがある。例えば，同種の製品の価格が下がっている場面において，買主（J）が売主（F）に対して価格の引下げを要求したとしても，売主が引下げに応じる可能性は高くない。合意できなければ，元の価格のままである。

契約解除

　それならば，「合意が成立しない場合は，各当事者が契約を解除できる」という定めを加えたらどうか[23]。そうすると，次のような作戦が可能になる。

22　「例外のないルールはない」というルール自体に例外はないか（「例外のないルールもある」のではないか）というようなことを考えられるようになると（論理学でいう「自己言及命題」）……契約書の読み方が一段と向上すると思われる。

すなわち，同種の製品の価格が上がっている場面において，売主（F）が買主（J）に対して価格の大幅な引上げを要求する。これに買主が合意しないと売主が契約を解除できることになり，買主はせっかく契約で低い価格に合意していたにもかかわらず，契約を解除されてしまう。

　それではどうすればよいか。これを抽象論で考えていては解決できない。一般に契約書を検討するときの注意事項として，**字面だけで検討するのではなく，みずからが置かれた具体的な状況において，どうするのが最善かを考えるべきである。**

　この条文において考慮すべきなのは，本製品は将来値上がりする可能性が高いのか，それとも値下がりする可能性が高いのかである。買主（J）の立場に立つと，値上がりする可能性が高い場合，売主（F）が値上げを要求しても買主が合意しなければ，契約の定めが生き残るほうがよい。したがって，「合意により改定できる」のみにとどめ，解除を定めてはいけない。これに対し，値下がりする可能性が高い場合，買主（J）が値下げを要求し，売主（F）がこれに合意しなければ，各当事者が契約を解除できることにしたほうがよい。

　現実には，値上がりするか値下がりするか不明な場合が多いと思われるが，どういう事態になったら最悪かを考え，その最悪の事態を避ける方策をとるのがよい[24]。

自動改定

　価格が自動的に改定されるという定めが提案されることがある。例えば，「毎年５％ずつ上昇」「消費者物価指数に連動」「製造原価に連動」などで

23　一般に，解除を定める場合，「当方のみ」が解除できると定めるのが有利である。しかし，そこまで場合分けして検討すると複雑になり，また，当方のみが解除できるという定めに合意できる可能性は低いと予想されるため，「各当事者」が解除できるという定めを前提にしている。
24　ゲーム理論における「ミニマックス法」のようなものである。

ある。ある種の製品ではこういう定めでうまくいくかもしれないが，通常
は難しい。

改定できない

　割り切って「価格は改定できない」という定め方もありうる。契約を結
ぶ趣旨の1つとして，将来の不確定要素を排除し予測可能性を高めるとい
うこともあるので，「読み」（あるいは「賭け」）が外れたら，それは自己
責任であると腹をくくるわけである（後記第22条（ハードシップ）①
「"Hardship"とは」129頁）。

④　まとめ

　「合意により価格を改定できる」と定める条文の問題点とそれをめぐる
「考え方」を検討したが，これはおよそ「合意により」と定める条文につ
いて常に応用できる。

　要するに，「合意できなかった」場合にどうなるか，そしてどうするの
がよいかを，当方が置かれた具体的な状況において考えるということであ
る。さらに繰り返すと，ここでは「英文」契約書を素材にして検討してい
るが，このような「考え方」は何語の契約書でも同じである。

第5条（個別契約）

Article 5 (Individual Agreements)

(1) J may from time to time place with F a written order
for the Products.

(2) Each individual agreement (hereinafter, the "Individual
Agreement") shall be deemed to be concluded <u>when</u> F
<u>dispatches</u> an acceptance to J.

①

②

(3) If there is any difference between the conditions in the Individual Agreement and this Agreement, those in this Agreement shall <u>prevail</u>.

③......

(4) The sale of the Products shall be governed by F's Standard Terms attached hereto as Exhibit C, and if there is any <u>inconsistency</u> between the Standard Terms

④......

and the terms under this Agreement, those in this Agreement shall prevail.

第5条（個別契約）

(1)　JはFに対し，随時本製品を書面により発注できる。

(2)　FがJに対し受注書を発送したときに個別の契約（以下「個別契約」という）が締結されたものとみなされるものとする。

(3)　個別契約の条件と本契約の条件との間に相違がある場合，本契約の条件が優先する。

(4)　本製品の販売には添付の別紙Cの標準取引約定が適用され，標準取引約定と本契約の約定との間に不一致がある場合，本契約の条件が優先する。

　本契約に基づき個別契約を締結する手続やその効力を定める規定である。本契約自体で具体的な売買契約が成立するわけではなく，個別の発注と受注により売買契約が成立し，その売買契約に本契約の条件が横断的に適用されるという仕組みになっている。そこで，この第5条のような定めが必要になる。

①　"when"――受注義務を負うか

　"when"と"if"はどう違うのかという問題がある。教科書的な模範解答

は「"when"はその事態が発生することが確実な場合（日本法的に言うと「期限」）であり，"if"はその事態が発生するかどうか不確実な場合（日本法的に言うと「条件」）である」となる。

Jとしては，発注した場合にFが受注する義務を負っていると有利であり，「"when"とあるので，必ず受注することが前提になっている」と主張したいところである。しかし，Fとしては，受注義務を負うとたいへんなので，「"when"にはそのような意図はない」と主張するだろう[25]。義務であれば義務であることを明らかにする条文を入れるのが本筋である。

販売店契約ではメーカー（売主）が受注義務を負うのが通常だが，ここで前提にしているような単なる売買基本契約で売主が受注義務を負うことは，それほど必然的ではない。

② "dispatch" ― 「発送」で契約が成立する

Fが受注書を"dispatch"したときに個別契約が成立するとされている。これが何を意味するかというと，何らかの理由で受注書がJに到着しなくても，個別契約は成立するということである。Jが知り得ないうちに契約が成立する可能性があるが，それで不都合がなさそうであれば，これでもよい。

③ "prevail" ― どちらが優先するかを明確にする

個別契約において本契約と相違する条件を定めることはできないというのがこの条文の意味である。例えば，Jが発注書に本契約と異なる特別な条件を記載し，Fがこれに対し受注書を発送した（すなわち個別契約が成立した）場合であっても，個別契約の特別な条件ではなく本契約の条件が優先して適用されることになる。

25　実際に，「……の場合に契約を解除できる」という条文で"when"を用いている例も多く，必ずしも厳密に使い分けられているとは限らない。

本契約と個別契約のどちらを優先させるかは，どちらが良い悪いという問題ではなく，要するに決めておけばよい。本契約が優先すると定めると，硬直的かもしれないが，紛争の余地が少なくなる。逆に，個別契約が優先すると定めると，個別契約によって柔軟な対応が可能になるが，個別契約の条件が有効か否かなどの紛争を生じるおそれが高くなる。例えば，その特別な条件がFに不利な場合，Fとしては，「発注書に書かれていた特別な条件に気づかずに受注書を発送した」とか，「受注書を発送した者には権限がなかった」などの主張をしたくなるものである。

　いけないのは，どちらとも決めていない状態である。そうなると，各当事者が自分に有利な条件が優先すると主張して争いになる。多少誇張すると，契約書の条件の中には，「どちらでもよいから，ともかく決めておくべきである」というものが多々ある。

④　"inconsistency"―とは何か

　国際的な企業においては，世界的に適用する標準取引約定を設定していることがしばしばあり，その標準取引約定と本契約とが食い違う場合に備えて，このような条文が入れられる。しかし，このような条文には問題がある。

　例えば，契約を解除できる場合として，本契約では「aまたはbの場合には，30日の予告期間をおいて解除できる」と定められていて，標準取引約定では「a，b，cまたはdの場合には，即時に解除できる」と定められているとする。

　まず，「a，b」については不一致があるため本契約が優先し，30日の予告期間をおいて解除できるという解釈には，おそらく異論がないと思われる。それでは，「c，d」はどうか。

　1つの解釈は，「本契約がc，dを定めていないのは，それらの場合には解除できないという趣旨である。したがって不一致があるため本契約が優

先し，c，dの場合には解除できない」というものである。これに対し，「本契約がc，dを定めていないので，c，dについては白紙の状態である。したがって不一致があるわけではなく，標準取引約定が本契約に追加して定めているだけのことだから，c，dの場合には即時に解除できる」という解釈もあり得る[26]。

　このような紛争を防ぐためには，本契約と標準取引約定とを比較し，必要な条件を一本化して規定することである。労力を惜しんで第(4)項のような条文でごまかそうとすると，紛争の余地を作り出してしまう。

⑤　"inconsistency" と "difference"―同じなのか異なるのか

　第(3)項と第(4)項には，この他にもいろいろと問題がある。まず，言葉の問題である。同じような意味ではないかと思われるものにつき，第(3)項では "difference"，第(4)項では "inconsistency" となっており，また，第(3)項では "conditions"，第(4)項では "terms" となっている（日本語でもいちおう訳し分けている）。

　このうち，"conditions" と "terms" はおそらく同義であると考えられる。しかし，"difference"と"inconsistency"が同じなのか異なるのかが不明で，これによって前記③に掲げた争いがさらに混乱するおそれがある。例えば，「"difference" とは本契約が規定していない場合も含むが，"inconsistency" とは本契約が明示的に規定していることと食い違う場合のみを意味する」などという議論があり得るからである（通るかどうかはさて

26　「本契約が定めていない場合も不一致であり，本契約が優先する」という解釈を徹底すると，いかなる場合にも本契約のみが適用され，標準取引約定が適用される余地がなくなると思われる。逆に，「本契約が定めていない場合は不一致ではなく，標準取引約定が適用される」という解釈を徹底すると，明白に異なっている部分以外は標準取引約定が広く適用されることになると思われる。実際の紛争では，これほどは徹底せずに，各当事者が場面に応じて，自分に有利になるように，以上の解釈のいずれかを「つまみ食い」して主張するため，紛糾する。

おき）。同じ意味を表すのであれば，同じ言葉を一貫して使うべきである。

　なお，このような用語の違いが生じたのは，第(4)項だけを他の契約書の先例から切り貼りして本契約に追加したからではないかと推測できる。いろいろな先例から条文を寄せ集めて使う場合には，とくに用語の一貫性に注意を払う必要がある。

　さらに，内容上の問題もある。ややこしくなるが，個別契約と本契約との間に"difference"がないために個別契約が適用され，他方，標準取引約定と本契約との間に"inconsistency"がないために標準取引約定が適用されるという事態がありうる。その場合，個別契約と標準取引約定との間に食い違いがあったらどちらが優先するのか。

　机上論だと思われるかもしれないが，一般に，ある取引関係にいろいろな定めが重複して適用される場合（あるいはそのような主張が可能な場合），「どの定めが優先して適用されるか」という問題が生じるおそれは常にあり，現にそのような紛争もときおり経験する。契約関係は交通整理して一本化するのが本筋である。

第6条（支払）

Article 6 (Payment)

(1) Concurrently with the dispatch of the ordered Products to J, F shall send an invoice to J for the dispatched Products.

(2) For the Products delivered by the 20th day of each month, J shall pay to F the price by way of remittance to the bank account designated by F by the last day of the following month.

① ②

第6条（支払）

⑴　発注された本製品の発送と同時に，FはJに対し，発送した本製品についての請求書を送付する。

⑵　各月20日までに引き渡された本製品につき翌月末日までに，JはFに対し，Fが指定する銀行口座への送金により，代金を支払う。

　代金の支払は，要するに方法を明確に決めておくことに尽きる。例文では，取引が頻繁に行われることを想定し，日本流の「毎月20日締め，翌月末日払い」を定めている[27]。

① "by the 20th day of each month" ―いつから

　「毎月20日締め」を "For the Products delivered by the 20th day of each month" としている。「締め」を「訳そう」という発想ではなく，内容を「説明しよう」という発想である。しかし，厳密に言うと，さらなる詰めが必要である。すなわち，このままだと，その月の「1日から20日まで」とも読める。そこで，次のようにするのが手堅い。

For the Products delivered during the period between the 21st day of the previous month and the 20th day of each month ...

② "by the last day of the following month" ―どこにかかるか

　文脈から考えて，「翌月末日までに」が「代金を支払う」期限であることは（ほぼ）明らかなので，このままでよいかもしれない。しかし，文法的には「Fが翌月末日までに指定する銀行口座」とも読めるため，次のよ

27　この条件は，国際取引ではそれほど多く用いられるわけではない。

うに修正することも考えられる。

> For the Products delivered by the 20th day of each month, J shall, by the last day of the following month, pay to F the price by way of remittance to the bank account designated by F.

　一般に，期限，条件，方法などを定める部分がどこにかかるかが，一義的に明確かどうかを確認すべきである。

　それとともに，無駄なことが書かれていないかどうかも検討すべきである。回りくどい表現の英文契約書に慣れると感覚が麻痺してしまい，短い条文だと何となく不安になり，長い条文だと意味のないことが書かれていても「ありがたがる」おそれがある[28]。

③ 月末が休日の場合

　この条文では，月末が休日の場合にどうなるか決められていない。その前の日に支払うか後の日に支払うかのどちらかに決めればよいだけのことである。単に「前の日」とすると，その「前の日」も休日の場合にどうするか（つまり，さらにその前日にする）を決めなければならないため，"Business Day"（営業日）を定義して「直前の営業日」か「直後の営業日」と決めるのがよい。

> If the last day of the following month falls under a day that is not a Business Day, J shall pay the price by the immediately preceding Business Day.

28　中村秀雄『英文契約書　取扱説明書』（民事法研究会，2012）70頁以下では，「箇条書でも契約書はできる」というレベルから始めている。とくに初級者の方々の「気を楽にする」参考書である。

翌月末日が営業日ではない場合，Jは直前の営業日までに代金を支払う。

第7条（引渡し）

Article 7 (Delivery)

The Products shall be delivered on an <u>FOB factory</u> basis. ──①

第7条（引渡し）

本製品は「FOB工場」条件で引き渡されるものとする。

　引渡しの条件を定める条文である。言葉の意味を明確に定義しなければならない。

①　"FOB factory"─意味が不明である

　引渡しを行うためには一連のさまざまな事項（輸出許可，輸出通関，運送，保険，……）が関係し，これを項目ごとに交渉していては非効率である。そこで，FOBやCIFなどの，国際的に通用する定型的な引渡し条件を使用するのが便利である。それらは，上に述べたようなさまざまな引渡しに関係する事項をひとまとめにした「セットメニュー」のようなものである。

　貿易実務を少し勉強すると，FOBやCIFなどの言葉に慣れ親しみ，その意味もわかってくると思うが，じつは唯一の決まった意味があるわけではないことに注意が必要である。たとえ話を続けると，「とんかつ定食」と言えば，どのレストランでも「とんかつ」と「ご飯」と「味噌汁」が出てくるだろうとは予想できるが，キャベツのおかわりができるかとか，デザートがつくかなどは，レストランによって異なる。

　FOBやCIFなどの引渡し条件も同様で，最大公約数的な大筋は同じかも

しれないが，どの機関や団体の定義かによって細部が異なる。したがって，どの定義のFOBやCIFなのかを明らかにしなければならない。

それでは，"FOB factory" という言葉はどうだろうか。じつはこの言葉は，よく知られた定義には登場しない（著名なレストランでは提供されていない）ため，最大公約数的な意味すら不明である[29]。このような，意味の分からない条件に合意してしまうと，後々紛争になるおそれが大きいため，定義が明確な条件に合意すべきである。

② **定型的貿易条件—Incoterms**

FOBやCIFなどの引渡し条件のセットメニューを提供するもっとも著名なレストランが，"Incoterms"（インコタームズ）である。インコタームズとは国際商業会議所（International Chamber of Commerce; 略称ICC）が定めた貿易条件の定義集である。おおむね10年ごとに改定されており，現行のものは「インコタームズ2020」である[30]。典型的な定義の概要を挙げる。

FOB（本船渡）　　　—売主は積み地の港で本船に商品を積み込むまでの費用と危険（後記第9条（所有権／危険）（78頁）を負担する。"FOB Los Angeles" というと，ロスアンゼルスで船積みするという意味である。

CIF（運賃保険料込）—FOBに加え，売主は運賃と保険料を負担する。"CIF Los Angeles" というと，ロスアンゼルスを仕向け地とするという意味である。

FCA（運送人渡）　　—売主は指定された場所で運送人に商品を引き渡す

29　「工場渡し」を意図しているのかもしれないが，そうであればインコタームズ2010で明確に定義されているEXW（工場渡）を用いるべきである。
30　国際商業会議所日本委員会が英和対訳の「Incoterms 2020」を発行しており，参照に便利である。

までの費用と危険を負担する[31]。"FCA Los Angeles"というと，ロスアンゼルスで運送人に引き渡すという意味である。

インコタームズ2020によるのであれば，その旨を明確に定めなければならない[32]。

The Products shall be delivered under FCA Los Angeles rules (Incoterms 2020).

本製品はFCAロスアンゼルス規則（インコタームズ2020）で引き渡されるものとする。

第8条（検査）

Article 8 (Inspection)

① The Products shall be <u>subject to</u> inspection by J. J shall be deemed to have <u>accepted</u> the Products if they have passed the inspection. ②

第8条（検査）

本製品はJによる検査を受けるものとする。本製品が検査に通っ

31　FOBとCIFは「船」に積み込むという伝統的な輸送方法を前提にしており，コンテナ輸送には適さない。そこでICCではコンテナ輸送にはFCAを推薦し，JETROも同様の見解を表明している（JETROサイト中の「貿易投資相談Q&A」より）。

32　各定義は，インコタームズ2000までは"terms"（条件）と呼ばれていたが，インコタームズ2010で"rules"（規則）と改定されている。実質が変わったわけではなく，また"terms"と書いたら誤りで無効というわけではないと考えられるが，いちおう知識として知っておいたほうがよい。

> た場合，Jはそれらを受け入れたものとみなされる。

　本製品をJが検査することを定める条文である。具体的な権利・義務の内容を明確にしなければならない。

① "subject to" ─どういう意味か

　この文脈で "subject to" は，「受ける」「服する」というような意味である。しかし，これだけでは具体的な内容が明らかではない。いつ（いつまでに），どのような検査を実施すればよいか，そして検査に通らなかったらどうなるかなどが不明である。

　そもそもこの文面だと，検査するのは「Jの義務」であるように読めるが，Jが検査しなかったら契約違反になるのだろうか。そうではなく，Jが検査を怠るとFに責任を追及できなくなるという意味であると考えられる。

　大きな注意事項としてまとめると，一般に契約書の条文には，要件（こういう場合は）と効果（こうなる）をきちんと書くべきである。

② "accept" ─どういう意味か

　"accept" は，米国の統一商法典（Uniform Commercial Code; UCC）上では，履行として受け入れることを意味し，さまざまな法律効果が伴うようであるが，日本法における意味ははっきりしない[33]。

　Jとしては「返品できないというくらいの意味かな」と漠然と考えていると，Fは「Jがいったん "accept" したら，本製品に瑕疵があったとしてもFに対し損害賠償などをいっさい請求できない」などと考えているかもしれない。

---

[33] "accept" は日本語の「検収」に相当すると理解する向きもあるようだが，そうであるかどうかはわからない。そもそも日本語の「検収」も法律用語ではないため，「検収」したことによる効果が明らかではない。

　そこでJとしては，「検査の結果にかかわらず，FはJに対し本製品の瑕疵につき責任を負う」というような条文を入れられればよいのであるが，交渉の結果，例えば「検査に合格した場合は，Jは検査で発見できたであろう瑕疵については以後Fに損害賠償などを請求できない」などと決着する場合も多い。いずれにせよ，不明確で争いの生じる余地を残しておくのではなく，明確に決めておくのがよい。

　例えば以下のような条文であるが，これは大筋を示すためのものであり，Jに必ずしも有利とは言えず，またさまざまな不備があることにご注意いただきたい。

Within seven (7) days from the receipt of the Products, J shall inspect the Products. If J finds any inconformity of the Products with this Agreement, J may notify F of the details. If F receives any such notice from J, F shall remedy the inconformity. If J does not inform F of any such inconformity within the seven (7) days' period, J shall not seek any remedy from F with regard to any inconformity that should have been found through inspection.

本製品を受領してから7日以内に，Jは本製品を検査しなければならない。本製品が本契約に合致していないことを発見した場合，JはFに対し詳細を通知できる。通知を受け取った場合，Fは不一致を是正しなければならない。Jがその7日以内にFに対し不一致を通知しない場合，JはFに対し検査で発見できたはずの不一致については是正を求めることはできない。

第9条（所有権／危険）

> Article 8 (Title and Risk)
>
> The <u>title</u> and <u>risk of loss</u> of the Products shall pass from F to J <u>when the Products are accepted</u> by J in accordance with Article 8.
>
> ①
> ②
> ③
>
> ━━━━━━━━━━━ ● ━━━━━━━━━━━
>
> 第9条（所有権と危険）
> 本製品の所有権と危険は，本製品が第8条に従いJにより受け入れられたときに，FからJに移転する。

インコタームズでは，「危険」の移転は規定されているが，「所有権」は規定されていない。

①　"title"

まず言葉の問題として，"title" が「所有権」の訳語として適切かと言うと，（翻訳の常として）意味が完全に同じではないかもしれないが，通常は所有権の訳語として通用している。

一般に売主としては，できるだけ製品の所有権を有しているほうが有利と言える。なぜならば，代金を支払わないうちに買主が破産してしまった場合，売主が製品の所有権を有していれば，その製品自体を取り戻すことができる。これに対し，所有権が買主に移転していれば，売主は代金債権を有するだけなので，破産手続に従いその一部しか回収できない[34]。

そこで，代金完済までは売主が製品の所有権を持ち続けるという条件が提示される場合もある。これを受けるかどうかは，他の取引条件などとの関係でケース・バイ・ケースである。

---

[34] 輸送中の製品についてどの国の破産法が適用されるかなど難しい問題があるが，その点はさておいて大筋だけを述べている。

②　"risk of loss"

"risk of loss" とは，製品が輸送途上で滅失したり損傷したりした場合，どちらの当事者がその損害を負担するかという意味である。当事者の視点に立って言い換えると，いつの時点までF（売主）が危険を負担し（滅失したら別の製品を再出荷），いつの時点からJ（買主）が危険を負担することになるか（滅失しても代金を支払わなければならない）という問題である。

③　インコタームズとの矛盾

第9条の問題点は，"risk of loss" の条件がインコタームズと食い違っているところである。第7条が「インコタームズ2020のFOB（またはCIF，FCA）に従う」と規定していると仮定すると，FOBとCIFの場合は「船積み時」に "risk" が移転し，FCAの場合は「運送人への引渡し時」に "risk" が移転する（前記第7条②「定型的貿易条件—Incoterms」74頁）。これはいずれも第9条の定めと異なる。

このように契約書内に食い違う条件が規定されていると，ひとたび事故が発生した場合，それぞれの当事者が自分に有利なほうが優先すると主張して争いになる。したがって，矛盾している条文がある場合には，矛盾を解消しなければならない。

ただし，移転時期として "accept" がよいかどうかは別問題で，ここでは単に矛盾を解消する必要性と，そのための条文を説明するために，第9条を生かしているだけである。

> Notwithstanding the provisions in Article 7, the title and risk of loss of the Products shall pass from F to J when the Products are accepted by J in accordance with Article 8.

第7条の規定にかかわらず，本製品の所有権と危険は，本製品が第8条に従いJにより受け入れられたときに，FからJに移転する。

　なお，インコタームズは「所有権」については沈黙している。インコタームズは各国の実務家による一種の妥協の産物であり，大陸法系と英米法系とで大きく考え方の異なる「所有権」のような大問題については妥協できなかったからである。

　そこで，契約においてインコタームズの何らかの規則に合意した場合，"risk of loss"の移転時期は自動的に決まるが，所有権については何ら定めがないことになる。したがって，所有権の所在を明確にしておく必要がある場合（例えば，相手の財務状況に不安がある場合）には，所有権についての規定を入れておくのがよい。

第10条（保証）

Article 10 (Warranty)

(1) F warrants <u>the Products conform to the Specifications</u>. ①

(2) If any breach of the foregoing warranty occurs, J may make a claim against F in writing <u>within two (2) weeks from the delivery.</u> ② If <u>F finds</u> J's claim is valid, F ③ shall, <u>at F's sole discretion,</u> (ⅰ) repair the defective ④ Products, (ⅱ) replace the defective Products with conforming Products, or (ⅲ) <u>refund to J the price paid by J for the defective Products.</u> ⑤

(3) <u>F DOES NOT MAKE ANY WARRANTY IN RESPECT</u> ⑥ OF THE PRODUCTS OTHER THAN THE ABOVE, WHETHER EXPRESS OR IMPLIED, INCLUDING BUT

NOT LIMITED TO ANY IMPLIED WARRANTY OF
MERCHANTABILITY OR FITNESS FOR ANY SPECIFIC
PURPOSE.

(4) The above remedies for the breach of warranty are
<u>exclusive</u>, and J shall not be entitled to any remedies

⑦┄┄┄┄┄┄

that may be available under applicable laws.

第10条（保証）

(1)　Fは，本製品が本仕様に合致していることを保証する。

(2)　上記の保証の違反が発生した場合，Jは引渡しから2週間
以内に書面によりFに申し入れることができる。Jの申入れに
理由があるとFが判断する場合，Fはその独自の裁量により，
(i)瑕疵のある本製品を修理するか，(ii)瑕疵のある本製品を正
常な本製品に交換するか，または(iii)瑕疵ある本製品について
Jが支払った代金をJに返還するかしなければならない。

(3)　Fは，上記の保証以外に，商品性や特定目的への適合性な
どについての黙示の保証を含むいかなる明示または黙示の保
証もしない。

(4)　上記の救済手段は排他的なものであり，Jは適用される法
律に基づき有する可能性のある他のいかなる救済手段も有し
ない。

「どのような場合に」（入口），「どのような権利を有する／有しない」
（出口）か，を明確に定めるべきである。

①　「仕様に合致している」だけでよいか

Fは「本製品が本仕様に合致している」ことを保証している。これは保

証としての最低限である。仕様に合致していてもなおかつ不具合があることも想定されるため，Jとしては保証の範囲を広げるよう主張したい。状況に応じ，以下のような広げ方がある。逆に，当方が売主の場合は，以下のような広い保証条件を容易に受け入れないよう，注意すべきである。

F warrants the Products are free from any defects in title, design, material and workmanship.

Fは，本製品が所有権，設計，原料，製造の点において瑕疵のないことを保証する。

F warrants the Products have merchantable quality and fit for the purposes expressly or implicitly indicated by J or otherwise known to F.

Fは，本製品が商品性を有すること，およびJが明示的・黙示的に示したまたはFにおいて了知している目的に合致していることを保証する。

② 「引渡しから2週間以内」でよいか

　この売買契約には，製品の引渡し条件が不明確なため，その点を明確に規定しなければならないという問題があった（前記第7条（引渡し）（73頁））。

　しかし，仮に引渡し条件がインコタームズ2020のFOBと明確に定められていたとしても，この第10条との関係では問題がある。すなわち，FOBによると"delivery"は船積みの時点なので，「引渡しから2週間以内」では製品はまだ海の上かもしれない。この点を是正するには，第10条の「2週間」という期間制限を，輸送期間に合わせて「1カ月」などと延ばす方向も考えられる。しかし，到着が遅れることもありうるため，むしろ

起算点を"actual receipt of the Products in Japan"（日本における本製品の現実の受取り）などとするほうがよい。

　さて，期間制限を延ばしただけでは不十分である。なぜなら，この案文のままでいくと，Jが期間制限内にFに申し入れなかったら何もできなくなってしまうからである（後記⑦「『排他的』でよいか」84頁）[35]。それでは不利なので，ただちに発見できない瑕疵（隠れた瑕疵）があった場合には救済が受けられるように規定しておくのがよい。以下の例はかなりJに有利な定めである。

F shall be liable for latent defects of the Products at any time after J's actual receipt of the Products in Japan, regardless of any inspection or acceptance of the Products by J.

Fは，本製品の隠れた瑕疵については，Jによる本製品の検査または受入れがあったとしても，Jの日本における本製品の受取り後いつでも，責任を負う。

---

③　「Fが判断する」でよいか

　Jの申入れに理由があると「Fが」判断する場合とされているため，Fがそう判断しなければJは救済されないことになる。FとJの判断が食い違ってJが裁判などを起こしたとしても，「Fが」判断できると規定してあるという理由で，Jの主張が通らないおそれがある。

　したがって，"If J's claim is valid"とするか，または"If F receives

---

[35]　参考のため，商法526条は，⑴買主は目的物を受領後，遅滞なく検査しなければならず，その結果契約内容への不適合が発見された場合はただちに売主に通知しなければ救済されず，⑵しかしながら，ただちに発見することのできない不適合については，6カ月以内であれば救済されると定めている。

such claim from J" と，Fの判断を排除するよう主張するのがよい。

④ 「Fの独自の裁量」でよいか

「Fの独自の裁量」によって対応策が選択できるというのでは，Jに不利である。Jとしては，"at J's request"（Jの要求に従い）としたい。

さらに，修理と交換の期限が規定されていないので，それらを規定すべきである。

⑤ 「代金を返還」と言ってもよいか

Jの救済方法の１つとして「FがJに代金を返還する」となっているが，この売買契約の第６条では「毎月20日締め，翌月末日払い」となっており（前記第６条（支払）（70頁）），引渡しから２週間では代金をまだ支払っていないことになる。したがって，「請求額から控除する」というように定めるべきである。

このように，個々の条文は問題なく見えても，複数の条文の間で一貫性を欠いていることがあるので，契約書は全体に目配りしながら検討する必要がある。

⑥ 全部大文字で書かれている理由

第３項がすべて大文字で書かれているのには理由がある。それは，米国の統一商法典によると，保証を否定する条文は目立つように書くことが要求されており，すべて大文字で書けばその要件に合致するからである。

契約が日本法に準拠する場合，日本法にはそのような定めはなく，目立たせる必要はない。しかし，相手がこのようにすべて大文字で書いてきた場合には，とくに害もないため，「準拠法が日本法なのだから，すべて大文字にする必要はない」とまで堅いことは言わずに，このままにしておくことが多い。

　もちろん，この内容自体が受け入れられないのであれば，この条文を削除して，上に述べたような（①「『仕様に合致している』だけでよいか」81頁）広い保証を要求すべきである。

⑦　「排他的」でよいか

　「排他的」の意味は，「この契約で定めている救済方法がすべてであり，それ以外のもの（例えば，法律の定めによるもの）は認めない」ということである。この条文がないと，契約で定めている救済方法に加えて法律の定めによる救済方法が並存するのかどうか争いになるおそれがあるため，その点を明確にしている。

　しかし，Jとしては法律の定めによる救済方法が並存するほうが有利であると考えられるため，以下のように"cumulative"（累積的）とする対案を提示するのがよい。

The above remedies for the breach of warranty are cumulative to any other remedies provided by law, and J shall be entitled to any remedies that may be available under applicable laws.

上記の救済手段は，法律の定めるその他のいかなる救済手段とも累積的なものであり，Jは適用される法律に基づき有する可能性のある他のあらゆる救済手段を有する。

やぶへび

　これに対し，Fの案文に，どちらとも（排他的とも累積的とも）書かれていない場合が問題である。Jが「累積的」と明記する条文を提示すると，Fから「排他的」との条文を求められるおそれがある。

　結論としては，排他的か累積的かを明記する契約条項がない場合，準拠

法とされている法律において当方に有利な解釈が成り立つ（またはその可能性が高い）のであれば，あえて問題を提起せずに白紙にしておくことも検討に値する。

　一般に，この「やぶへび」問題は契約交渉においてよく生じる。「相手方との間に理解の相違がないよう，あらゆる点を詰めて明記しておくのが正解だ」と建前を言うことはたやすいが，現実にはそうとばかりは言えない。上に述べたように，契約に明示の条項がなくても準拠法において自分に有利な解釈が可能な場合は，契約にあえて記載しないという選択肢があり得る。

第11条（知的財産権）

Article 11 (Intellectual Property Rights)

① If any third party infringes upon any intellectual property rights in the Products, J shall take legal action against the infringer.

第11条（知的財産権）

第三者が本製品の知的財産権を侵害した場合，Jは侵害者に対し法的手続をとるものとする。

　製品の知的財産権が第三者に侵害された場合の定めである。実行可能な定めにする必要がある。また，買主としては，製品が第三者の知的財産権を侵害していた場合の定めも置きたい。

① 不可能なことを定めてはならない

　第三者が本製品の知的財産権を侵害した場合，例えば，第三者が本製品を製造するための特許技術を無権限で実施して類似品を販売している場合，「Jが」侵害者に対し法的手続をとると定められている。これはJにとって

不利であるという以前に，そもそも不可能である。なぜなら，Jは特許権者ではないからである[36]。

したがって，Jは「この条文を実行することは不可能である」と主張して，「Fが」法的手続をとるよう定めるべきである。

②　「被害者」ではなく「加害者」だったら

逆に，Jとしては，本製品が第三者の権利を侵害している場合に備えた定めを検討すべきである。そのような場合には，Jが権利者から訴えられて損害賠償を支払わなければならないおそれがあるからである。Jとしては，知的財産権の侵害によりJが損害を受けた場合，FがJを補償するという条文を提示するのがよい。

第12条（不可抗力）

①
Article 12 (Force Majeure)
Neither party shall be liable to the other party for a failure or delay in the performance of any of its obligations under this Agreement or any Individual Agreement,
② if such failure or delay is caused by Act of God, war (declared or undeclared), riot, revolution,
③ elements, governmental laws, regulations or guidance, ④

36　国によっては，一定の場合，特許権の実施許諾を受けた実施権者みずからが侵害者に対して法的手続をとることを認める法制があり，このような規定を提示してくる相手方がいる。
　　しかし，そもそもこの契約は売買契約でありJに特許権の実施権を許諾するものではない。また，仮に特許権の実施許諾契約であったとしても，日本の判例によると，特許権の通常実施権者は侵害者に対して法的手続をとることはできないとされている（独占的通常実施権者については損害賠償請求権のみ認められている）。

⑤ strikes, power failure, <u>shortage of raw materials</u> or any similar or different incident beyond the reasonable control of the affected party.

———————————— ● ————————————

第12条（不可抗力）

いずれの当事者も，本契約または個別契約に基づく義務の不履行または遅延が天災，戦争（宣戦布告の有無を問わない），暴動，革命，自然力，政府の法律，規則または指導，ストライキ，停電，原料の不足その他自己の合理的な支配を超える類似のまたは異なる事由によって引き起こされたものである場合，そのような不履行または遅延につき，相手方に対し責任を負わないものとする。

　義務違反があっても，一定の事由が原因の場合には責任を負わないという条文であり，どのような事由が列挙されているかを慎重に検討すべきである。

①　"force majeure" とは

　「不可抗力」を意味するフランス語で，英語にすると "major force"（巨大な力）である。英文契約書中で「不可抗力」を表すには，ほとんどの場合，"force majeure" が用いられる。

②　"If" で始めたほうが読みやすいことがある

　不可抗力の条文は「一定の事由が原因の場合には責任を負わない」と定めている。当然ではあるが，このことを知っていると，条文の出だし—"Neither party shall be liable to the other party ..." —を読んでも何とも思わない。しかし，仮に不可抗力の条文につき予備知識がないとすると，

「契約を結んでいるのに，『いずれの当事者も責任を負わない』とはどういうことだ？」と疑問を感じるかもしれない。

一瞬驚く出だし

　例を変えて，行く先を知らずに次の条文を読み始めると，そのような疑問がよくわかると思う[37]。

> J shall be liable to F for any damage (including but not limited to direct, indirect, incidental or consequential) ...
>
> ──────────●──────────
>
> JはFに対しあらゆる損害（直接的，間接的，付随的，結果的損害を含むがそれらには限られない）について責任を負う……

　このように，いきなり厳しい義務が書かれていると，「これは大変だ」と驚くかもしれない。しかし，後半までよく読めばそれほどひどい条文ではないことがわかる[38]。

─────────────────

37　「最後までよく読めばわかるはずだ」というのは，（語弊をお許しいただきたいが）書き手の怠慢だと思う。契約書に限らず，「最後までよく読めば」ではなく，読んでいる「途中で」読み手に不安や疑問を抱かせないのが良い文章であると言える。例えば，語順の問題ではないものの，"While we are eating the dogs …" では驚きだが，"While we are eating, the dogs escaped." ならば心の平静を保てる（カンマ（,）を適切に用いなければならないという注意事項の例として，仲谷栄一郎＝高取芳宏共訳『法律英語文章読本』（プロスパー企画，2003）129頁）。

38　この条文自体にもいろいろと検討すべき点があるが指摘のみにとどめる。
　（i）いろいろな種類の「損害」が列挙されている。英語の法律用語辞典を引くなどすれば抽象的な意味はおおよそわかるが，具体的に何がその損害に該当するかは必ずしも明らかではない。
　（ii）"gross negligence"（重過失）とは，おおまかに言うと，故意に近い程度の重大な過失を意味する。準拠法によって厳密な意味や範囲が異なるため，この点が重要であれば，専門家の助言を受けるのがよい。
　（iii）"including but not limited to …"（……を含むがそれらには限られない）に注意すべきである。日本語の「など」と同様，何が含まれ何が含まれないかにつき，争いの余地がある。

> J shall be liable to F for any damage (including but not limited to direct, indirect, incidental or consequential), if J causes any damage on F due to J's intentional misconduct or gross negligence.
>
> ---
>
> Jはその故意または重過失によりFに損害を与えた場合，あらゆる損害（直接的，間接的，付随的，結果的損害を含むがそれらには限られない）についてFに対し責任を負う。

　日本語では「……の場合」は文頭に来るが，英語では"if ..."が後ろに来る場合があるため，このようなことが起きる。これに対し，この条文が"If"で始まっていると，少し安心して読み始めることができる（和訳では同じだが）。

> If J causes any damage on F due to J's intentional misconduct or gross negligence, J shall be liable to F for any damage (including but not limited to direct, indirect, incidental or consequential).
>
> ---
>
> Jはその故意または重過失によりFに損害を与えた場合，あらゆる損害（直接的，間接的，付随的，結果的損害を含むがそれらには限られない）についてFに対し責任を負う。

　もちろん，どのように始まろうと最初から最後まできちんと読まなければならず，むしろいきなり「Jは責任を負う」と始まっているほうが緊張感を持って読み進むことができてよいなどとも考えられるが，わかりやすさを優先したほうがよい場合もある。

不可抗力の条文はこれでよい

　結論として，例に挙げた「不可抗力」の条文は問題ないと思われ，かえって "If" で始めると，主語（"any failure or delay in the performance of any of the obligations under this Agreement or any Individual Agreement"）が長くてわかりにくいという，別の問題が生じる。

If any failure or delay in the performance of any of the obligations under this Agreement or any Individual Agreement is caused by Act of God, war (declared or undeclared), riot, revolution, elements, governmental laws, regulations or guidance, strikes, power failure, shortage of raw materials or any similar or different incident beyond the reasonable control of the affected party, neither party shall be liable to the other party for such failure or delay.

───────────●───────────

天災，戦争（宣戦布告の有無を問わない），暴動，革命，自然力，政府の法律，規則または指導，ストライキ，停電，原料の不足その他自己の合理的な支配を超える類似のまたは異なる事由によって本契約または個別契約に基づく義務の不履行または遅延が引き起こされた場合，影響を受けた当事者は，そのような不履行または遅延につき，相手方に対し責任を負わないものとする。

　いろいろなことを申し上げたが，要するに，読みやすい条文にしようという意識を少しでも持ったほうがよい。

③ 辞書を地道に引く

　"elements" は直感的には「要素」だが，それでは意味が通じない。そこで辞書を引くと，「自然力」という意味があることを知る。

英文契約書の中でも，とくに不可抗力の条文には，見慣れない単語がよく登場する。他にも "public enemy"（「公敵」と訳され，凶悪犯罪者や疫病など広い意味がある）や "commotion"（暴動）などがある。

また，いろいろな事由が秩序立って並べられているとは限らない。上の例文はある程度整理されているが，それでも "elements" は "Act of God" の後ろあたりに位置するのが「体系的」である。自分で条文を書く場合には，こういうことにも注意を払いたい。

このように，不可抗力の条文は，「文法的に」とか「構造的に」などの高度な難しさではなく，単に単語の難しさが原因で読みにくいことがしばしばある。これを克服する方法としては，要するに辞書を地道に引くことに尽き，そうしているうちに次第に先が見えてくる。

④ 「指導」では不明確

"governmental guidance"（政府の指導）とは何か。「指導」と言っても，従わないと制裁を受けるような強制力のあるものから，「お願い」程度であって従わなくても問題のないものまで，いろいろあると思われる。後者のような「指導」の場合まで不可抗力に該当するのは不当である。削除するか，または "governmental guidance that is enforceable with sanction"（制裁を伴い強制力のある政府の指導）などのように限定するのがよい。

⑤ 「原料の不足」は一方的に不利

"shortage of raw materials"（原料の不足）が不可抗力に該当するのは不合理である。「不足」は程度問題であり，「原料が品薄で価格が高くなってきたので製造できなくても責任を負わない」などとFに主張されてはかなわない。削除するか，または原料の "exhaustion"（枯渇）とすべきである。

⑥　具体的な状況を前提にする

　以上を通じ，契約書を検討する場合の重要な視点が浮かび上がる。すなわち，契約書は字面だけを見るのではなく，当方が置かれている具体的な状況を前提に検討しなければならない。

　ここで検討している売買契約は，Jが買主，Fが売主という前提に立っている。不可抗力の条文は両者に平等に適用される形になっているが，実際に不可抗力により義務が履行できなくなるおそれはJよりもFのほうが高い。

　すなわち，Jの義務は代金を支払うことだけであり，それが不可抗力で妨げられることはかなり考えにくいのに対し，Fの義務は製品を製造して販売することでありいろいろな事情によりそれが実行できないおそれは現実にありうる。とくに，最後に述べた「原料の不足」は，およそFについてしか意味がない。このように，不可抗力の規定の恩恵により責任を免れることができる機会はFのほうが多いので，Jは不可抗力の事由をより慎重に確認し，必要とあれば制限しなければならないのである。

形式的に平等でも実質的に不平等

　他の条文を例にとると，「各当事者は，何らの理由なく随時，30日以前に通知することにより，本契約を解除できる」という条文の適否は，文面からだけでは判断できない。この契約を当方からいつでも自由に解除できることにどれほどの意味があるか，逆に相手方からいつでも自由に解除されてしまうことがどれほど不利であるかを比較検討してはじめて，この条文をどうすべきかが決まる。

　例えば，当方が外国企業から技術のライセンスを受け，ある製品を日本で製造販売するという契約において，当方から契約を解除するということは考えがたく，また当方から契約を解除されても相手方にとっては痛くも痒くもない。ところが，当方は相手方から契約を解除されると多額の先行

投資（工場，人員，広告宣伝など）が突如として無駄になってしまうため，このような解除の条文は避けなければならない。

第12条（秘密保持）

①

Article 12 (Confidentiality)

Each party shall keep any confidential information of the other party in strict confidence. <u>Neither party shall</u> disclose to any third party any confidential information of the other party.

②

第12条（秘密保持）
各当事者は相手方の秘密情報を極秘にしなければならない。各当事者はいかなる第三者に対しても相手方の秘密情報を開示する義務を負わない。

相手方の秘密情報の秘密を保持しなければならないという条文である。

① 単純な誤記にも注意

上の条文を読み始めた瞬間に「あれっ」と思った方は注意深い。このような「引っかけ問題」をひらにご容赦いただきたいが，じつは小見出しを含め条文番号が誤っており，正しくは「第13条（秘密保持）」である。

つまらないことと思われるかもしれないが，他の条文で「第12条」と引用されている場合，本来の第12条を指すのか，それともこの（誤記の）第12条を指すのか不明になってしまう。

② "Neither party shall ..." は「義務を負わない」

もう1つ「あれっ」と思うことがあるかもしれない。「……義務を負わな

い」は誤訳ではないか。しかし，誤訳ではない。"Neither party shall ..." を文字どおりに訳すと「義務を負わない」であり，原文が誤っているのである。"Neither party" を主語にして「してはならない」という意味にするためには，"Neither party may ..." としなければならない。

「文脈上明らかだから，そんな細かいことは言わなくてもよいのではないか」と思われるかもしれないが，文脈上明らかではない場合もある。やや机上論になるが，共同開発の結果生じた相手方の知的財産権（"Intellectual Property Rights" と定義されている）について，次のような規定があるとする。

> Neither party may use the other party's Intellectual Property Rights for the purpose of further development.
>
> いずれの当事者も，相手方の知的財産権を，さらなる開発に利用してはならない。

このように，"Neither party may ..." だと，当方は相手方の知的財産権を利用できず，自分の知的財産権のみを利用できることになる。次に，"shall" だとどうだろうか。

> Neither party shall use the other party's Intellectual Property Rights for the purpose of further development.
>
> いずれの当事者も，相手方の知的財産権を，さらなる開発に利用する義務を負わない。

この規定の趣旨が一見わからないかもしれないが，「両当事者は利用可能な限りのリソースを用いて開発を行わなければならない」という義務が課されているとすると，このような規定に意味がある。すなわち，この規

定があることにより，当方は「利用可能」と言っても相手方の知的財産権を利用する義務を負わず，したがって相手方の知的財産権を利用しなくても開発義務の違反にはならないということになる。

　「文脈上明らかだから」と思い込まずに，意図を正確に表すように直しておくのがよい。

③　秘密保持条項の一般的な注意点

　秘密保持条項で一般に注意するポイントは次のようなものである。

秘密情報の定義─どちらに有利に働くか

　「秘密情報」を以下のように定義することがある。すなわち，「書面の場合は書面上に『秘密情報』を明記されたもの，書面でない場合は開示するときに秘密情報である旨を告げ15日以内に書面で要旨を確認したもの」などである。何が「秘密情報」に該当するかを明確にするためには，このような定め方が望ましいと言えるかもしれないが，考慮すべきことは他にもある。と言うのは，当方が秘密情報を開示する場合，この定めで要求されている手続をとり忘れると，それは秘密情報から外れてしまい，相手は秘密保持義務を負わないことになる。

　これに対し，ただ「秘密情報」としか規定されていないのであれば，開示したものはすべて秘密情報だと主張することもできる。しかし反面，紛争が生じる可能性がより高くなってしまう。

　どちらがよいかは難しい問題ではあるが，当方から提供する秘密情報と相手方から受領する秘密情報を比べ，当方から提供する秘密情報のほうがより重要な場合は，「あえて」秘密情報を明確に定義しないという方法もあり得る（前記（正しいほうの）第12条⑥「具体的な状況を前提にする」93頁）。

どのような例外を認めるか

　一般に，秘密保持義務の例外が定められることが多い。公知な情報の場合（後日公知な情報になった場合），別のルートで取得した場合，自分で独自に開発した場合，裁判所や行政機関からの命令があった場合，などである。それぞれの場合に，細かい言葉遣いの違いによって例外が適用される範囲や手続が異なる可能性があるので，上記同様，具体的な状況を前提にして検討しなければならない。

期間制限を設けるか

　秘密情報と言っても，ある程度の期間が経過すれば価値がなくなるような場合には，秘密保持義務に有効期間を設けることも検討に値する。とくに当方が受領する相手方の秘密情報が，当方が相手方に提供する秘密情報よりも重要な場合，いつまでも責任を問われるおそれを残したくないので，期間制限を設ける必要性がより高いと考えられる。

第14条（期間）

Article 14 (Term)

(1) The term of this Agreement shall commence on the date first above written and <u>continue to be effective</u> for three (3) years from such date unless terminated earlier. ……①

(2) Unless either party gives to the other party a written notice of non-renewal at least three (3) months prior to the expiration of this Agreement, the term of this Agreement shall be automatically extended for another three (3) years under the same <u>terms</u> and conditions. ……②

第14条（期間）

(1)　本契約の期間は冒頭に記載された日から開始し，早期に解除されない限りその日から３年間有効とする。

(2)　本契約の期間満了の少なくとも３カ月以前に，一方の当事者が相手方の当事者に更新拒絶の書面による通知をしない限り，本契約の期間は同一の条件でさらに３年間自動的に延長されるものとする。

　当方が契約関係を長く続けたいのか，それともいつでも終了できるほうがよいのかによって，定め方が異なる。

①　主語と動詞が対応しているか？

　この文の主語は"The term of this Agreement"であり，それが"commence"と"continue"[39]につながっている。ここで問題なのは後半である。「契約期間が有効」というのはおかしいため，以下のように，主語か動詞のいずれかを変えて一貫させるのがよい。

This Agreement shall be effective from the date first above written and continue to be effective for three (3) years from such date unless terminated earlier.

The term of this Agreement shall commence on the date first above written and expire by the passage of the three (3) years period from such date unless terminated earlier.

39　念のため，主語が単数なのに"continues"ではなく"continue"なので，"shall … continue"とつながっていることがわかる。

わかりやすいように単純な例を挙げているが，このような文法的な不整合から解釈が分かれ紛争になることもあるので，軽視しないことである。

② "term" と "terms"

"term" は「期間」を意味し，"terms" は「条件」を意味する。

③ 契約期間の定め方

この第2項は，何もしなければ更新されるという「自動更新」を定めている。期間の定め方にはいろいろある。

期間を定めない

永久に有効ということになる。

一定の期間を定めるだけ

一定の期間が経過したら終了する。

一定の期間を定め，「当事者の合意により更新できる」と定める

実質的には，「一定の期間を定めるだけ」と同じである。なぜなら，「当事者の合意により更新できる」と明示的に規定されていない場合も，当事者が合意すれば更新できるのは当然だからである。

一定の期間を定め，「いずれかの当事者が更新拒絶しない限り更新される」と定める

これが例文の定めである。「いずれかの当事者」ではなく，「J」または「F」だけが拒絶権を有するという定め方も可能である。Jにとっては，Jだけが拒絶権を有するほうが有利なのは当然である。

一定の期間を定め，「いずれかの当事者が更新を請求すると更新される」と定める

　これは「いずれかの当事者が更新拒絶しない限り更新される」の裏返しで同じように見えるかもしれないが，大きく異なる。

　なぜなら，こちらが契約関係を長く続けたいと考えている場合，「いずれかの当事者が更新拒絶しない限り更新される」であれば，相手が更新拒絶すると契約が終了してしまい対抗策がないのに対し，「いずれかの当事者が更新を請求すると更新される」であれば，相手の意向にかかわらず，こちらが更新を請求すれば更新されるからである。

　逆に，こちらがいつでも終了できるほうがよいと考えている場合，「いずれかの当事者が更新拒絶しない限り更新される」が有利（更新拒絶すればよい）で，「いずれかの当事者が更新を請求すると更新される」が不利（相手方が更新を請求できる）である。

　なお，「いずれかの当事者」ではなく，「J」または「F」だけが更新権を有するという定め方も可能である。Jにとっては，Jだけが更新権を有するほうが有利なのは当然である。

④ まとめ

　さて，以上にいろいろな選択肢を挙げたが，このうちどれが最善であるかは，一概には言えない。それは，当方が契約関係を長く続けたいのか，それともいつでも終了できるほうがよいのかによって，有利か不利かが異なるからである。

　さらに，期間の定めだけでなく，どのような理由で（または理由なしに），契約を解除できるかの定めとも関連づけて検討する必要がある。

第15条（解除）

Article 15 (Termination)

Either party may terminate this Agreement or any Individual Agreement,

(a) if the other party breaches any provision of this Agreement or Individual Agreement and fails to remedy the breach within fourteen (14) days from the receipt of notice by the non-breaching party requesting the breaching party to remedy the breach;

(b) bankruptcy, corporate reorganization or any similar proceeding of the other party; or

(c) if J fails to pay the price of the Products by the due date.

①②③

第15条（解除）

いずれの当事者も以下の場合に本契約または個別契約を解除できる。

(a) 相手方が本契約または個別契約のいずれかの条項に違反し，違反していない当事者から違反を是正するよう請求する通知を受け取ってから14日以内に違反を是正しない場合，

(b) 相手方の破産，会社更生または類似の手続，または

(c) Jが支払期日に代金を支払わない場合。

　解除の原因になる事実を明確に定め，当方に不利な定めがないようにする必要がある。

① 列挙する事項の文法的な形を一貫させる

(b)を本文につなげると，"Either party may terminate this Agreement or any Individual Agreement, bankruptcy, corporate reorganization or any similar proceeding of the other party." となり，意味をなさない。

これを簡単に正しくするには，"in the case of bankruptcy ..." とすればよい。しかしさらに言うと，(a)と(c)が "if" で始まる節になっているため，(b)も "if" で始めるほうがよりよい。

一般的に，**複数の事項を列挙する場合は，それぞれの文法的な形が一貫しているほうがよい。**とくに解除の条文で，例に挙げたような文法的な不整合がよく見受けられる。文法的な形を一貫させることによって，不明確な点が浮かび上がってくることもある（下記②「『破産』とは」）。

② 「破産」とは

文法的な形を一貫させるために(b)を "if" で始めようとすると，少し困るかもしれない。正式な破産に至る道筋は，まず債務超過などで事実上破産状態になり，次いで債務者自身または第三者が裁判所に申し立て，裁判所が破産手続開始を決定するというものである。この流れのなかでいつ解除できるのかが，元の条文では不明である。

要するに，やや割り切って言うと，いつでもよいのだがともかく決めておくことが重要であり，決めた後は英作文の世界になる。「申立てがあった場合」を例に挙げる。

---

if the other party files a petition for bankruptcy of itself or a petition for bankruptcy is filed against the other party

———————————●———————————

相手方が自身の破産を申し立て，または相手方に対し破産申立てがなされた場合

しかし，上の条文だと "or" の前後で文法的な形が異なり美しくないため，次のような書き方も考えられる。

---

if the other party itself or any other party files a petition for bankruptcy against the other party

相手方自身またはその他の者が相手方に対し破産申立てをなした場合

---

if a petition for bankruptcy of the other party is filed by such party itself or any other party

相手方に対する破産申立てが相手方自身またはその他の者によりなされた場合

なお，理屈上は "the other party"（契約の相手方当事者）と "any other party"（その他の者）を分ける意味がなく，"any party"（いかなる者）とひとまとめにしたほうがよいとも言えるが，両者を含むことをとくに強調するために分けて書いている。

③ こちらに不当に有利な誤記をどうするか

(c)だけを読むと問題なく見えるかもしれないが，全体を文字どおりに読むと「Jが支払期日に代金を支払わない場合，いずれの当事者も（FもJも）契約を解除できる」ことになる。

すなわち，Jは契約を解除したくなったら，代金を支払わないでおいて自分で解除すればよいことになり，Jが不当に有利である。おそらく誤記だと考えられるので，訂正するよう申し出るのがよい。

相手のミスに乗じてよいか

　このような場合を一般化すると，次のような難問になる。すなわち，契約書の案文に相手方が気づいていないミスがあり，黙っていればこちらが不当に有利な場合，相手方のミスに乗じてそのまま契約書にサインしてしまってよいか，それとも訂正を申し入れるのがよいかという問題である。

　自己責任であり気づかないほうが悪いのだからそのままサインしてよいというのが，1つの割り切った考え方である。しかし，相手方との信頼関係を維持するために訂正を申し入れるのがよいとも考えられ，個人的にはこちらを支持したい[40]。

どのように直せばよいか

　本筋に戻ると，誤記を最低限で手直しするには，やや体裁が悪いが次のような方法が考えられる。1つは，出だしを"Either party (in the case of (c), only F) may terminate ..."とする方法で，もう1つは，(c)の最後を"... by the due date (in this case, only F may terminate)."とする方法である。

　しかし，Jとしては，「そもそも(c)は(a)に含まれるため，とくに項目を分ける必要性がない」として削除を求めるほうがよい。それは，Fがあえて(c)を入れたのは，「(a)の場合は解除するには14日の猶予が必要だが，(c)の場合はただちに解除できる」という意図があると思われるからである。

　そのような「支払遅滞の場合はただちに解除できる」という条件を受け入れるかどうかがまず問題であるが，ここでは，仮にそれを受け入れるとしても，その意図が明確になるように規定しなければならない（詳しくは，第1章3の2(9)②「『除く』と，どうなるか」(34頁)）。

　この機会に，念のために当然のことを注意しておく。すなわち，相手方

---

[40]　依頼者と弁護士の関係という視点から同様の見解を示すものとして，草野耕一『日本人が知らない説得の技法』（講談社，1997）139頁。

が提示してきた案文を検討するときに陥るおそれのある失敗がある。それ
は，ある条件を受け入れること自体が問題であるにもかかわらず，その点は
指摘せずに，細かい言葉遣いの修正を申し入れることしかしないというよう
な失敗である。しかし，そもそも論として，その条件自体が受け入れられな
いのであれば，そこから交渉を始めなければならないことは言うまでもない。

第16条（通知）

Article 16 (Notice)
All notices, demands and other communications
between the parties hereto with respect to this
Agreement shall be <u>in writing</u> and sent by way of
personal delivery, registered airmail, <u>courier</u>, facsimile
or electronic mail <u>to the addresses first above written</u>.

①
②
③

第16条（通知）
本契約に関する両当事者間の通知，請求その他の連絡はすべて
書面で，手渡し，書留航空郵便，クーリエ，ファクシミリまた
は電子メールにより，冒頭に記載された住所宛てに送られるも
のとする。

通知が着かなかった場合を決めておく必要がある。

① 電子メールは "in writing" か

本条には電子メールが明記されているが，"in writing" としか規定して
いない場合，電子メールが含まれるかどうか問題になる。定まった解釈は
なく，要するに明確に定めるのがよい。

② どんな "courier" でもよいか

"courier" とは，ご承知のとおり，文書などの配送を請け負う民間のサービスを意味する。念を入れるのであれば，「国際的に評価の高い業者」（"internationally reputable courier"）とするか，さらに，固有名詞を挙げて，「国際的に評価の高い業者（例えば，FedExやDHL）」（"internationally reputable courier, including FedEx and DHL"）などとするかである。

③ どこに送るか

"to the addresses first above written" というのは書式例や先例によくある表現だが，ファクシミリや電子メールが規定されていない古い条文に，ファクシミリや電子メールを単に追加しただけだと，この「冒頭に記載された住所」との整合性がおかしくなる。ファクシミリや電子メールを入れるのであれば，どこに送れば有効なのかを明らかにするために，ファクシミリ番号やメールアドレスを次のように定めておくのが手堅い。

Notices shall be sent to the following :
Attn :
Section :
Address :
Facsimile :
E-Mail :

通知は以下に送られるものとする。
宛名：
部署：
住所：
ファクシミリ：
電子メール：

　この場合，宛先（"Attn"＝"Attention"）として個人名の記載を求められることがある。しかし，異動や退職があると宛先がなくなってしまう。宛先に変更があった場合には，新たな宛先を相手に通知しなければならないと定めておくことも考えられるが，変更の通知を忘れがちである。個人名を書かずに部署名だけを書いておいても，部署の名称変更や統廃合などがありうる。というわけで，代表取締役や社長，CEOなどの廃止されそうにない役職名のみを書いておくのが手堅い。しかし，あらゆる通知を社長宛てにするのも大げさなため，実務的には守られにくいかもしれない。

　このように，通知条項は，書いてある文言と実際の運用が乖離しがちな条文の典型である。注意事項としては，重大な通知（債務不履行の指摘や解除など）については特に厳密に条文に従って通知することと言える[41]。

④　着かなかった場合どうなるか

　通知を発したが着かなかった場合，通知はされたことになるのか，それともされなかったことになるのか。これは当事者にとって重要な問題である。当方と相手方がどのような通知をする可能性があるか，そして，着かなかった場合にどうするのが当方に有利かを考えて提案すべきである。

　通知が着かない場合でも一定の期間の経過により着いたものとみなす規定として，次のようなものが考えられる。

41　通知条項のような何でもなく見える一般規定についても，問題点や改善の余地があることを示すものとして，山本孝夫『英文ビジネス契約書大辞典（増補改訂版）』（日本経済新聞出版社，2014）89頁以下。とくに「一般条項として軽く扱うことの多い規定にも，実務をよくみて注意を払っていると，実情に近づくように改定の余地がある」との指摘は至当である（同書96頁）。同書はさまざまな種類の英文契約書につきバランスよく実例を紹介し，実務的な解説をつけたものとしてお勧めできる。

> Notices given by way of the following means shall be deemed to have been received on the following days :
>
> registered airmail or courier : seven (7) calendar days from the dispatch
>
> facsimile or electronic mail : one (1) business day from the dispatch
>
> ―――――――――――――― ● ――――――――――――――
>
> 以下の方法によりなされた通知は以下の日に受け取られたものとみなす。
>
> 書留航空郵便またはクーリエ：発信から７暦日後
>
> ファクシミリまたは電子メール：発信から１営業日後

　なお，本契約では，個別契約の成立については，受注書を発送すれば足り，着かなくても個別契約は成立すると定めている（前記第５条②「"dispatch"―「発送」で契約が成立する」（67頁））[42]。

第17条（放棄の否定）

> ① ⋯⋯ Article 17 (No <u>Waiver</u>)
>
> No non-exercise, delayed exercise or partial exercise by either party of the right or remedy provided hereunder shall be deemed to be waiver of <u>such right</u> ⋯⋯ ②
> <u>or remedy or any other rights or remedies hereunder</u>.
> Any waiver of rights or remedies shall be expressly made in writing.
>
> ―――――――――――――― ● ――――――――――――――

――――――――――――――――

42　日本の法律では，通知が到達することが一般に要求されている（民法97条１項）。

> 第17条（放棄の否定）
> 一方当事者による権利や救済方法の不行使，遅れた行使，一部の行使も，その当事者によるその権利や救済方法またはその他の権利や救済方法の放棄とはみなされない。権利や救済方法の放棄は明示の書面によらなければならない。

①　この条文の意味

　はじめて英文契約書を読むと，何を言っているのかよくわからず戸惑うおそれのある規定の１つである。この規定の趣旨は，例えば相手方に何らかの債務不履行が発生したにもかかわらず，当方が解除権を行使しなかった場合，それによって当方が将来の解除権までを放棄したものとはみなされないというものである。

②　「その他の権利や救済方法」の意味

　放棄したものとみなされない権利が，問題になっている「その権利」だけだと不十分なので，「その他の権利」が入れられている。

　どういうことかと言うと，例えば今回債務不履行が生じたが解除権を行使しなかったとする。「その権利を放棄したことにならない」と規定されているだけだと，その裏返しとして，次回別の債務不履行が生じた場合の解除権は放棄しているなどとの主張を受けるおそれがある。「その他の権利も放棄したことにならない」と規定していると，今回問題になっている解除権だけでなく，そのような「他の」権利なども含めいっさい放棄していないことになる。当然のように見えるかもしれないが，念には念を入れた書き方になっている。

第18条（完全合意）

Article 18 (Entire Agreement)

① ····· This Agreement constitutes the entire and only agreement between the parties hereto relating the subject matter hereof, and <u>supersedes</u> all previous or contemporaneous agreement, understanding, commitment or communications between the parties hereto.

第18条（完全合意）
本契約は，本契約の主題に関する両当事者間の完全で唯一の合意を構成し，両当事者間において本契約に先立ちまたは同時になされたいかなる合意，了解，約束，連絡にも優先する。

「契約書に書かれていることが合意のすべてである」という規定である。この規定の有無にかかわらず，そのような心構えで契約を結ばなければならない。

① "supersedes" とは

「優先する」ということは，相違や矛盾があることが前提になる。とすると，「本契約で規定していない事項については空白であり，相違や矛盾があるわけではないのだから，契約書以外の合意も認められる」という議論が成り立ちそうに見える。しかし，前段に「本契約は，……完全で唯一の合意を構成し」とあるので，そのような議論はできないと思われる。

逆に言うと，本条の前段がなく次のような規定だけだと，契約書に規定されていない事項について，契約書以外の合意に効力が認められるかどうかをめぐり，議論の余地が生じてしまう。

> This Agreement supersedes all previous or contemporaneous agreement, understanding, commitment or communications between the parties hereto relating to the subject matter hereof.
>
> ───●───
>
> 本契約は，本契約の主題に関し両当事者間において本契約に先立ちまたは同時になされたいかなる合意，了解，約束，連絡にも優先する。

　完全合意条項に限らず一般に，複数の契約や約款の間で効力の優劣を定める条項で単に「優先する」という言葉だと，最初に挙げたような紛争になるおそれがある（前記第5条④「"inconsistency"―とは何か」68頁）。

　なお，次のような定めを見かけることがある。その意図は，上のような議論の余地をなくすことではないかと考えられる。なぜなら，相違や矛盾と関係なく，契約外の合意などは「無効」[43]だからである。

> All previous or contemporaneous agreement, understanding, commitment or communications between the parties hereto relating to the subject matter hereof shall be null, void and have no effect.
>
> ───●───
>
> 本契約の主題に関し両当事者間において本契約に先立ちまたは同時になされたいかなる合意，了解，約束，連絡も無効である。

② 日本法上の効力

　日本法においては，契約以外の合意などによって契約を補充したり修正

43　3つの言葉が並列されているが，これらに意味の違いはない。このように，英文契約書には同じ意味の言葉が並列して用いられる場合が多々ある。それぞれに意味の違いがある場合もあるが，同じ意味の場合もある。

したりすることを裁判所が認める可能性がある。そこで，完全合意条項がある場合に，その効力が文字どおりに認められるかどうかが問題である。実際に，この規定の効力を認めた判例と認めなかった判例がある[44]。

第19条（準拠法）

Article 19 (Governing Law)
This Agreement shall be construed in accordance with and governed by the laws of Japan without regard to ①the principles of conflict of laws. No provision of ②the United Nations Convention on Contracts for the International Sale of Goods shall apply to this Agreement.

第19条（準拠法）
本契約は，抵触法の原則にかかわりなく，日本法によって解釈され，同法に準拠するものとする。国際物品売買契約に関する国際連合条約のいかなる条文も本契約には適用されないものとする。

「国際物品売買契約に関する国際連合条約」（ウィーン売買条約）との関係が問題である。

① 「抵触法」とは

この第19条は，本契約の解釈は日本法に従うと定めている。それでは，

44　完全合意条項の日本法上の効力を認めたものとして，東京地判平31.2.27金融法務事情2138号100頁，東京地判平18.12.25判例時報1964号106頁，同平7.12.13判例タイムズ938号160頁。認めなかったものとして，知財高判平22.9.29（刊行物未登載）。

"without regard to the principles of conflict of laws"（抵触法の原則にかかわりなく）とはどういう意味か。

"the principles of conflict of laws" とは，複数の国（米国では州の場合もある）が関係する取引にどの国（州）の法律を適用するかについての原則を意味し，日本では「法の適用に関する通則法」という法律がそれを定めている。そして，「抵触法の原則にかかわりなく」という言葉は，次のような意味である。すなわち，第19条が単に「日本法に準拠する」だけだとすると，「法の適用に関する通則法」も適用されることになり，同法に従うと外国の法律が適用されることになる可能性もある。

しかし，当事者はそもそも，ともかく日本法（民法や商法など）が適用されることを意図しており，「法の適用に関する通則法」の適用により準拠法を定めようとは考えていない。そこで，「抵触法の原則にかかわりなく」―すなわち「法の適用に関する通則法」を適用せずに―日本法が適用されると定めているのである。

この「抵触法の原則にかかわりなく」という言葉が入っていない条文も多々あり，当事者の意思解釈として同様に解釈されるものとは思われるが，念のためにこのような文言が入れられている。

②　「国際物品売買契約に関する国際連合条約」（ウィーン売買条約）の扱い

現在，国際取引に携わる関係者の大きな悩みとなっているのが，「国際物品売買契約に関する国際連合条約」（ウィーン売買条約）にどう対処するかという問題ではないかと思われる。同条約は，当事者が明示的に適用を排除しない限り自動的に適用されるため，契約上何も規定がないと同条約が適用されることになり，契約の条文との関係が問題になるおそれがある。同条約の扱いについては，以下のような立場があり得ると考えられる。

(i) ウィーン売買条約を全面的に排除する

この第19条は，ウィーン売買条約の適用を全面的に排除するという，1つの割り切った立場を示している。ウィーン売買条約の解釈には不確定要素が多いので，当事者間で交渉した結果である契約のみを適用するのがよいとの考えに基づく。

(ii) ウィーン売買条約のみを適用する

第19条と正反対の割り切った立場は，売買契約書を作らずに全面的にウィーン売買条約に委ねるというものである。

ウィーン売買条約は，各国の専門家が周到に検討して公平な内容を定めたものであり，いちおう合理的な条件を定めていると言える。したがって，契約交渉の手数と時間を節約したい場合，または相手国の法律を準拠法と定めると気持ちが悪い場合[45]には，ウィーン売買条約のみを適用するという考えが成り立つ。

(iii) 契約を結び，ウィーン売買条約も適用する

契約を結ぶが，契約で規定されていない事項についてはウィーン売買条約を適用するという方法も考えられる。その場合，契約書において，ウィーン売買条約のどの規定の適用を排除するのか，あるいは逆にどの規定の適用を認めるのかを明記しておくのがよい。

そうでないと，ある事項について売買契約書に規定が存在しないのは，「その事項についてはウィーン売買条約を適用する」という趣旨なのか，それとも「その事項については他の定めを認めない」という趣旨なのかをめぐり，争いになるおそれがある（引用は省略するが，これまで多くの箇所で同様の問題があったことを想起していただきたい）。

45　杉浦保友＝久保田隆編著『ウィーン売買条約の実務解説（第2版）』（中央経済社，2011）29頁。

③ FAQs

準拠法の条文について，よく寄せられる質問をまとめておく[46]。

(i) 準拠法の国と仲裁地や裁判管轄地の国は同じでなければならないか

少なくとも，仲裁地や裁判管轄地を日本とした場合，外国法を準拠法として手続を進められる。また，多くの先進国でもおそらく同様に，仲裁地や裁判管轄地をその国とした場合，他国の法律を準拠法として手続を進められると推測される。

しかし，特に新興国などの中には，自国で法的手続をとる場合には，自国の法律の適用のみを認めるところがある可能性がある。不安がある場合は，仲裁地や裁判管轄地として定めようとしている国の弁護士に照会するのが手堅い。

なお，以下の質問にも一般に影響するためこの機会に確認しておくと，準拠法，仲裁地，裁判管轄の規定において，以下で検討するさまざまな定め（「第三国」や「相互に相手国」など）が認められるかどうかについても，やはり現地の弁護士に照会するのが安全である[47]。

(ii) 日本法を準拠法にすれば米国の独占禁止法は適用されないか

日本法を準拠法にしても米国の独占禁止法は適用される可能性がある。逆に，外国法を準拠法にしても日本の独占禁止法が，適用される可能性がある。一般に，ある国の法律を準拠法として定めても，その国以外の国の法律が強制的に適用される可能性がある。それは，主に独占禁止法，外国為替法，税法などの公的な法律であるが，契約の内容自体を規制する法律もある。

---

46 準拠法，裁判管轄，仲裁の関係につき緻密に検討している著作として，道垣内正人著『国際契約実務のための予防法学』（商事法務，2012）がある。ただし，初級者の方々は相当難しいとお感じになると思う。

47 厳密に言えば本文に書いたとおりであるが，現実には手数や費用をかけてそこまでしないことも多いと思われる。

(iii) 準拠法を検討するにあたり，相手国の法律を熟知しておく必要があるか

建前論で「もちろん熟知しておく必要がある。そして，日本法と相手国の法律とを比較して有利なほうを選ぶべきである。もし相手国の法律のほうが有利ならば，相手国の法律を準拠法にすればよい」と言うことはたやすいが，実際には不可能である。検討するとしても，相手国の弁護士に「この契約においてそちらの国の法律を準拠法として定めた場合，当方に何か不利な点はあるか」と尋ねるくらいが現実的であろう。

さらに言うと，仮に両国の法律を熟知していたとしても，あらゆる紛争を想定してどちらが有利かを判断することはできない[48]。したがって，(vii)に述べる交渉の道筋をとるしかないと思われる。

(iv) 第三国の法律を準拠法とする場合，どの国が適切か

結論として，そのような国は存在せず，場合による。金融，保険，海事などの分野，あるいはコモンウェルス（多義的だが，おおまかに「英連邦」）の国々（オーストラリア，カナダ，シンガポールなど）との間の契約では，英国法が比較的適切と言えるが，それ以外の場合に「定番」はない。

(v) 「法的手続を提起する当事者の相手の国の法律を準拠法とする」という定めはどうか

「Xが仲裁や裁判を提起する場合はYの国の法律を準拠法とし，Yが仲裁や裁判を提起する場合はXの国の法律を準拠法とする」という定めが提案されることがあるが，原則としてお勧めできない。なぜなら，法律関係が不明確になり，両すくみ（または逆に，両進み？）の状態が生じるおそれ

---

[48] そもそも日本法を選びたい理由を突き詰めると，「なじみがあるから安心」というところではないかと思われる。"Better the devil you know (than the devil you don't)."

もあるからである。

　「両進み」になる机上論は次のような場合である。XがYに対し，争いの余地なく損害賠償請求権を有しており，４年が経過しており，Xの国では時効が３年で，Yの国では５年だと仮定する。契約書に「相手国の裁判所で相手国の準拠法」という定めがある場合，XがYの国で裁判を提起すると勝訴する（時効未完成）。これに対し，YがXの国で「債務が存在しないことを確認する」ことを求める裁判を提起すると，やはり勝訴する（時効完成）。となると，お互いに相手国で裁判を提起し，両国で矛盾する判決が下される可能性さえある。

　とは言うものの，このような机上論を気にせず平等な形でともかく契約をまとめたいのであれば，「相手国の法律」という定めでも実際上やむを得ないのではないかと思われる。

(vi)　準拠法の条項を入れないとどうなるか

　準拠法の条項がない場合，裁判の提起を受けた裁判所が，その国の「抵触法の原則」（前記(i)に述べたように，日本では「法の適用に関する通則法」）に基づいて，適用される法律を決める。したがって，相手国の法律を準拠法とすることをどうしても受け入れられない場合，あえて準拠法に合意しないという戦略もあり得る。

(vii)　要するに準拠法の条文をめぐりどのように交渉するのがよいか

　こう言っては元も子もないが，いくら理論的に詰めて理想的な条文を目指しても，交渉の常として相手が合意してくれなければ実現できず，相手との力関係によって結果が決まる。

　そこで，次のように考えるくらいでよいと思われる。すなわち，まずは日本法を主張し，相手が譲らない場合は，「第三国法」や（ぎりぎりの提案として）「相互に相手国法」などを提案する。それでもまとまらない場

合は，準拠法を定めないという選択肢を検討する。それでも相手国が「自国法」を固持する場合は，腹をくくって受け入れるというのが，おそらく実務的な筋書きであろう。

第20a条（仲裁）

Article 20a (Arbitration)
All disputes, controversies or differences which may arise between the parties hereto, out of or in relation to or in connection with this Agreement shall be finally settled by <u>arbitration</u> in Tokyo, Japan in accordance with the Commercial Arbitration Rules of <u>The Japan Commercial Arbitration Association</u>.

①·········

②·········

第20a条（仲裁）
本契約からまたは本契約に関連して，当事者の間に生じることがあるすべての紛争，論争または意見の相違は，日本商事仲裁協会の商事仲裁規則に従って，日本国東京都において仲裁により最終的に解決されるものとする。

仲裁の場所や機関を定める条文である。日本における仲裁が常に有利とは限らず，いろいろなことを考える必要がある。

① 仲裁を行うには合意が必要

「仲裁」とは私的な紛争解決の手続であり，仲裁人と呼ばれる中立な第三者の前で当事者が議論し，仲裁人の判断に従うというものである。日常用語の「仲裁」とは，けんかの仲裁などのように間をとりもって仲直りさせることを意味するが，法律用語の「仲裁」とは，「XはYに対し1億円支

払え」などと拘束力のある（これに基づき強制執行ができる）最終的な判断を下す手続である。

　仲裁と裁判の大きな違いは，仲裁は両当事者の合意がある場合においてのみ利用できるという点である。すなわち，この第20a条（仲裁）のような条文がなければ，一方的に仲裁を起こすことはできない[49]。ちなみに，この第20a条（仲裁）は，日本商事仲裁協会が勧める「標準仲裁条項」であり，この条文で合意していれば同協会が仲裁を受け付けてくれる。

　なお，裁判と比べて仲裁が有利な点として，仲裁のほうが迅速で，費用が節約でき，手続が柔軟であるなどと一般に言われる。しかし，実際問題としてはケース・バイ・ケースで，また長所と短所は裏表である[50]。結局，仲裁の利点は，非公開なので仲裁で争っているという事実自体やその内容を秘密にできることと，外国における強制執行が裁判よりも容易な可能性があることではないかと考えられる。

② 仲裁機関の指定―日本商事仲裁協会

　日本商事仲裁協会は日本において仲裁を取り扱う組織としておそらくもっとも著名なものである。同協会を指定すれば，同協会の仲裁規則，審問場所，事務スタッフなどのインフラを利用できるので効率的である。

③ 他に決めるべき事項

　仲裁を定める場合，他に仲裁人の数（1名か3名）や仲裁手続で用いる言語（日本語，相手国語，英語など）を定めておくのがよい。

49　契約書で仲裁について合意していなくても，紛争が発生した後に「この紛争は仲裁で解決する」と新たに合意することもできるが，現実には難しい。
50　仲裁には控訴がないために「迅速」かもしれないが，裏を返すと，一発勝負でリスクが高いとも言える。手続が「柔軟」なのは，「不透明」につながるかもしれない。

④ FAQs

仲裁の条文について，よく寄せられる質問を以下にまとめておく。

(i) 仲裁は裁判に比べ外国での強制執行が容易と言われているが，実際はどうか

ある国の裁判所で下された判決に基づき他国で強制執行できるかどうかは，国によって異なる（後記第20b条②(ii)「判決に基づき外国で強制執行するのは容易か」124頁）。

これに対し，仲裁については「外国仲裁判断の承認及び執行に関する条約」（ニューヨーク条約）があり，加盟国間では他国の仲裁判断に基づき（簡易な要件で）自動的に強制執行が認められることになっている。したがって，ニューヨーク条約の加盟国の相手との間では，裁判よりも仲裁が有利であると，おおまかな抽象論では言える。

しかし，実際には，ニューヨーク条約の加盟国であっても，仲裁手続における手続違反などを理由として「仲裁を執行できない」と相手が争ってくることもあり，そう簡単にいくとは限らない[51]。したがって，日本を仲裁地にすることで合意できそうであったとしても，相手国において日本の仲裁判断を強制執行することが容易であることを確認してから合意するのが手堅い。相手国において日本の仲裁判断を強制執行することに問題がありそうな場合には，むしろ最初から相手国で仲裁を行うと定めるほうがよ

---

51 仲裁人が手続の遅延を当事者に通知しなかったことを理由として，日本の仲裁判断の中国における執行を認めなかった事例（中国人民法院2008年3月24日判決）。仲裁人が仲裁判断の時期を当事者に通知しなかったことを理由として，日本の仲裁判断の中国における執行を認めなかった事例（中国人民法院2008年9月26日判決）。また，本文での問題提起とは少し異なるが，ベトナムにおいて，「他国」の仲裁判断ではなく「自国」の仲裁判断を裁判所が取り消した事例も報告されている（「日本投資家がベトナム投資家を相手に申し立てたベトナム仲裁機関（VIAC）手続における仲裁判断が，その後ベトナム裁判所によって取り消された事例」JCAジャーナル2014年1月号13頁）。

いかもしれない。

(ii) 仲裁地と仲裁機関はどこがよいか

どの仲裁地と仲裁機関がよいかは一概に言えない。

(iii) 仲裁地を「第三国」とするのと「相互に相手国」とするのと，どちらがよいか

仲裁地をどちらかの当事者の国にしようとすると，平行線でまとまらないおそれがあり，そのような場合「中立な」定めを模索する必要がある。

1つのアイデアは，仲裁地をシンガポール，ロンドン，ジュネーブなど「第三国」の都市とするものである。

もう1つは，仲裁地を「相互に相手国」とする次のような条項である[52]。

All disputes, controversies or differences arising out of or in connection with this contract shall be finally settled by arbitration. If arbitral proceedings are commenced by F (foreign corporation), arbitration shall be held pursuant to the Commercial Arbitration Rules of The Japan Commercial Arbitration Association and the place of arbitration shall be (the name of the city in Japan); if arbitral proceedings are commenced by J (Japanese corporation), arbitration shall be held pursuant to (the name of rules) of (the name of arbitral institution) and the place of arbitration shall be (the name of the city in foreign country).

52　小林和弘「JCAAの新しい仲裁規則のもとでの仲裁条項」JCAジャーナル2019年8月号3ページ以下。とくに7ページ。

この契約からまたはこの契約に関連して，当事者の間に生ずることがある
すべての紛争，論争または意見の相違は，仲裁により最終的に解決される
ものとする。F（外国法人）が仲裁手続を開始するときは，一般社団法人
日本商事仲裁協会の商事仲裁規則に基づき仲裁を行い，仲裁地は（日本の
都市名）とする。J（日本法人）が仲裁手続を開始するときは，（仲裁機
関の名称）の（仲裁規則の名称）に基づき仲裁を行い，仲裁地は（外国の
都市名）とする。

　「第三国」と「相互に相手国」のどちらがよいかは，紛争の起こり方に
よって変わる。すなわち，Jの立場に立つと，Jが仲裁を申し立てる可能
性が高い場合（例えば，JがFに金銭を貸し付けたような場合）は，「相互
に相手国」とするとFの国になってしまい，Fに一方的に有利である。Jと
しては，いずれにせよ外国で仲裁を行わなければいけないのなら，Fから
見ても外国である「第三国」と定めるほうがよいかもしれない。

　逆に，Fが申し立てる可能性が高い場合は，「第三国」と定めると面倒
であるため，「相互に相手国」（Fが申し立てる場合は日本になる）のほう
がよい。

　この問題と，前記(i)で検討した執行の問題とを組み合わせると，仲裁地
の選択といえども，一筋縄ではいかないことがお分かりかと思う。契約書
の条件を検討する場合には，抽象論ではなくこちらが置かれた立場を具体
的に検討しなければならないと，随所で述べてきたとおりである。

(iv) **要するに仲裁の条文をめぐりどのように交渉するのがよいか**

　「準拠法」の場合とおおむね同様であり，まとめておくと，まず「日本」
で頑張り，相手が譲らなければ「第三国」または「相互に相手国」を提示
し，それでも無理ならば相手の国でやむを得ない。ただし，前記(i)に述べ
たように，「強制執行」の問題を考慮に入れることが必要である。

　なお，準拠法の場合と異なり，「規定しない」とそもそも仲裁を用いることができず，裁判に訴えるしかなくなるが，それでよいのであれば「規定しない」のも1つの選択肢である。

第20b条（裁判管轄）

Article 20b (Jurisdiction)

The parties hereto submit to the <u>exclusive jurisdiction</u> of the Tokyo District Court of Japan with respect to all controversies arising from this Agreement. ①

第20b条（裁判管轄）

本契約の当事者は，本契約から発生するすべての紛争について，日本の東京地方裁判所の専属管轄に服する。

　どの国の裁判所で裁判を行うかを定める条文である。ぎりぎりの決断として，この条文を入れないこともありうる。

① 専属管轄とは

　この第20b条（裁判管轄）の条文は，本契約をめぐり紛争が生じた場合，裁判を行うことを前提に，どこの国のどの裁判所で裁判を行うかを定めている。「専属管轄」とは，その裁判所のみに裁判を提起でき，他の裁判所にはできないことを意味する。

　これに対し，「非専属的管轄」とは，少なくとも定められた裁判所には裁判を提起できるのに加え，その他にも管轄を認めてくれる裁判所があれば，そこにも提起できることを意味する。

② FAQs

裁判管轄の条文について，よく寄せられる質問をまとめておく。

(i) 裁判管轄と仲裁を両方定めることはできるか

原則として裁判と仲裁とは二者択一であり，紛争は仲裁により解決すると契約で定めた場合，裁判は提起できなくなる。仲裁と裁判管轄の両方を契約書で規定すると，どちらが優先するかをめぐり争いになるおそれがある。なお，争いの対象になる事項で分けるなど，仲裁と裁判を併用するという定め方もあり得るが，一般的ではない。

(ii) 判決に基づき外国で強制執行するのは容易か

質問とは方向が逆になるが，外国の裁判所で判決を受けた場合，日本においては，その外国の裁判所が管轄権を有することや被告が適法な通知を受けているなどの形式的な要件を満たす場合，外国の判決が効力を有するとされており（民事訴訟法118条），白紙の状態から改めて裁判を提起する必要はない。

これに対し，日本の裁判所の判決の外国における効力については，日本と同様に手続的な要件の充足だけで他国の判決の強制執行を認める法制を有する国と，他国の判決の効力を認めないので白紙の状態から改めて裁判を提起する必要がある国とがある。

法律の条文上は前者に属する国においても，日本の判決については強制執行が認められない国や，現実には中身にまで立ち入った審理がなされる国があるようなので，問題になる国の弁護士に確認するのが手堅い。そして，日本の判決に基づく強制執行が困難な場合，仲裁同様，むしろ相手の国の裁判所を管轄裁判所にするという選択肢もあり得る。

(ⅲ) **裁判管轄を「第三国」とするのと「相互に相手国」とするのと，どちらがよいか**

「仲裁」の場合と同様である[53]。

(ⅳ) **裁判管轄の条項を入れないとどうなるか**

　裁判は契約に規定していなくても提起することができる。そして，第20b条（裁判管轄）がない場合，当事者はみずからが選んだ国の裁判所に裁判を提起し，その裁判所が提訴を有効と認めてくれるかどうか（管轄があると判断するかどうか）という問題になる。

　第20b条は裁判を提起できる国を限定するものであり，仮に相手国の裁判所の専属管轄と合意してしまうと，当方にとって不利である。したがって，裁判管轄の条項を入れずにどこの国にでも裁判を提起できる余地を残しておくほうがよい場合もあり得る。

(ⅴ) **要するに裁判管轄の条文をめぐりどのように交渉するのがよいか**

　「準拠法」の場合とおおむね同様であり，まとめておくと，まず「日本」で頑張り，折り合わなければ「第三国」または「相互に相手国」を提示し，さらには「規定しない」と提案する。それでも無理ならば「相手国」でもやむを得ない。なお，仲裁と同様，執行の問題まで考慮に入れることが必要である。

53　仲裁地や裁判管轄の条文で「法的手続を提起する当事者の相手の国」と定めた場合でも，手続や証拠に関する規則の違いなどにより判断が異なる可能性があるため，本文に述べたような「両すくみ」や「両進み」の状況に陥ることが理論上はあり得る。とすると，「準拠法の場合との違いは程度問題にすぎないのではないか」との疑問が生じる。
　これに対しては，いちおう次のように答えられる。そもそも適用される法律自体が異なると結果に明白に影響があるのに対し，手続や証拠に関する規則が異なっても結果への影響が見えにくいから……。したがって，疑問はそのとおりである。

第21条（存続）

Article 21 (Survival)

The provisions of Article 1 (Definitions), Article 6 (Payment), Article 7 (Delivery), Article 8 (Inspection), Article 9 (Title and Risk), Article 10 (Warranty), Article 11 (Intellectual Property Rights), Article 12 (Force Majeure), Article 13 (Confidentiality), Article 15 (Termination), Article 16 (Notice), Article 17 (No Waiver), Article 18 (Entire Agreement), Article 19 (Governing Law), Article 20 (Jurisdiction), <u>Article 21 (Survival) and Article 22 (Discussion)</u> shall <u>survive</u> the termination or expiration of this Agreement.

① ②

第21条（存続）

第1条（定義），第6条（支払），第7条（引渡し），第8条（検査），第9条（所有権／危険），第10条（保証），第11条（知的財産権），第12条（不可抗力），第13条（秘密保持），第15条（解除），第16条（通知），第17条（放棄の否定），第18条（完全合意），第19条（準拠法），第20条（裁判管轄），第21条（存続）および第22条（協議）の規定は，本契約の解除または期間満了後も存続するものとする。

　一定の条文は契約が終了した後も効力を維持するという趣旨の定めである。存続させるべき条文を選ぶ必要がある。

① どの条文を存続させるべきか

　このような案文を提示され，「やれやれ」とため息をついたことはない

だろうか。これでは，契約が終了してもそのまま有効と言っているに近い。なぜ，このようにたくさんの条文を存続させなければならないのか。

相手の言い分はこうである。「契約が終了しても，その時点で受注済みで未発送の製品があるかもしれないから，支払，引渡し，検査などの条文は存続していないと困る。それらの条文を適用するためには，定義も存続していなければならない。それから，この存続規定自体が契約の終了により効力を失ってしまってはいけないので，存続規定も存続すべきである」。

「深く考えているな」とお思いになるだろうか，それとも「当然のことではないか」とお思いになるだろうか。

結論としては，ほんとうに必要な条文のみにしぼるべきである[54]。そのような手間をかけるのは面倒だと考えてのことだと思われるが，次のような条文を見かけることがある。しかし，これではどの条文が存続するか不明確であり紛争のもとである。

Any provisions in this Agreement that are by nature to be effective after the termination or expiration of this Agreement shall survive the termination or expiration of this Agreement.

本契約の規定で本契約の解除または終了後も性質上有効であるべきものは，本契約の解除または終了後も存続するものとする。

② 文字どおりに存続するとどうなるか

明白に不利な条文としては，例えば，販売店契約において当方が契約終了後も競争品の取扱い禁止義務を負うものとか，ライセンス契約において当方が契約終了後も改良技術の実施許諾義務を負うものなどがある（いず

54　堀江泰夫「いわゆる存続条項の問題点」NBL959号（2011）86頁。

れも，独占禁止法との関係で問題になる可能性がある）。これらを見落とす危険性は高くなさそうである。

　しかし，漠然と読んでいると危険に気づかないことがある。一般に，列挙されている条文が「文字どおりに」存続するとどうなるかを白紙の状態で考えなければならない。例えば，ライセンス契約（相手から特許権などの知的財産権の実施の許諾を受けて製品を製造・販売し，その販売高に応じて実施料を支払う契約）の存続条項に次のような条文があるとする。

Articles … and 18 (Royalties) shall survive termination for any reason of this Agreement.

第……条および第18条（実施料）は，本契約のいかなる理由による終了後も存続する。

　そして，第18条は「実施料は半期ごとの販売高の……％とし，半期終了後１カ月以内に支払う」という条文だとする。たとえば，契約の有効期間が2030年12月31日までであるとして，契約が2025年12月で解除されたらどうなるか。この存続条項を文字どおり読むと，契約が終了した後も，2030年12月31日までの実施料を支払い続けなければならないことになる。しかし，これはいかにもおかしいので，「そうではなく，契約が終了した最後の半期，つまり2025年12月については，契約が解除されても2016年１月31日までに支払う義務は存続する」という意味だと思うかもしれない。

　しかし，「契約書は文字どおりに解釈する」という原則を有する準拠法においては，前者の意味，つまり「本来の有効期間まで支払う義務がある」と解釈されてしまうおそれがある。じつは，このような紛争を時折経験する。

　多少誇張になるが，契約書は「常識的」に意味を補ったり修正したりして読むのではなく，「文字どおり」に読んだらどうなるかを考え，それで

も「つけこまれない」ような文言にすることが肝要である。

この場合は，「第18条」の削除を要求するか，または，「終了の時点における最終の期間についてのみ第18条が存続する」とすべきである。

③ いつまで存続するのか

「保証の定めが存続すると合意した場合，永久に保証が継続することになってしまうのではないか」という懸念があるかもしれないが，元の保証の条文で例えば「引渡し後1年間」などと期間の制限がある場合は，その期間の制限のついた定めが存続するだけのことであると考えるのが合理的である。しかし，異なった主張をしてくる相手がいないとも限らないので，念を入れて次のような条文にすることも考えられる。

Articles PP ... and XX shall survive the termination or expiration of this Agreement for the period respectively stated in such Articles.

第PP条，……および第XX条は，本契約の解除または終了後も，同条にそれぞれ規定された期間内において存続するものとする。

第22条（ハードシップ）

①
Article 22 (Hardship)
If any substantial change which may make either party's performance of any obligation under this Agreement difficult occurs, the parties shall discuss in good faith to review the conditions of this Agreement and may agree to amend this Agreement.

> 第22条（ハードシップ）
>
> いずれかの当事者による本契約上の義務の履行が困難になるおそれのある重大な変化が生じた場合，両当事者は本契約の条件を見直すために誠実に協議するものとし，本契約を変更することができる。

　事情が変化した場合に当事者が契約を変更できると規定する。意味のない条文に見えるが，意味があるのかもしれない。

①　"Hardship" とは

　「事情変更」，「履行困難」などと訳されることがあるが，「ハードシップ」でよいと思う（前記第1章**3**の**2**(1)②「日本法上の法律用語」14頁の裏返し）。

　日本の法律で「事情変更」というと，著しい事情の変更があった場合，契約の条件が裁判所の判断により自動的に変更されるという意味もある。しかし，この条文では，単に協議して契約を変更できるという，いわば当然のことを定めているだけである。

　さらに，「当然」として黙認するのではなく，困ったら話し合えば何とかなるという，このような条文を入れること自体が甘いとの批判もある[55]。

②　じつは意味があるか

　これに対し，この条文には存在意義があるという見解がある。この条文

---

55 「生き馬の目を抜く国際取引ではリスク分析を怠った当事者あるいはリスク分析の賭に負けた当事者を保護する理由はない。……。将来の市場の動向の見極めに自信のない当事者の逃げ場としてのハードシップ・クローズは国際取引では薦められない」北川俊光・柏木昇『国際取引法［第2版］』（有斐閣，2005）39頁。

は一見すると日本的であるが，じつはむしろ英米において意味があるというのである。

すなわち，英米の当事者は，何か問題が生じたときに自分から話し合いを申し入れると足元を見られると懸念している。したがって，話し合いによる解決が望ましいと本音では考えていても話し合いを申し入れることができず，両すくみのまま強行策を採らざるを得なくなるおそれがある。ところが，この条文があると，「契約上まず協議することになっているので，本当は申し入れたくないのだが，協議を求める」と「渋々」提案できる。

……というのである。真偽のほどは定かでないが，英米の当事者の意識という点から面白い解釈である[56]。

第23条（協議）

Article 23 (Discussion)
Any matters not provided for herein or any doubt over
the interpretation hereof <u>shall</u> be discussed and
determined in good faith by the parties hereto.

①

第23条（協議）
本契約に規定されていない事項や本契約の解釈についての疑義
は，当事者が誠実に協議して決定するものとする。

問題が発生したら当事者が協議するという定めである。

① 「協議して決定する義務」とは

"shall" とあるので当事者の義務である。しかし，当事者は協議すれば

---

56 「紛争解決」の条項に，話し合いの手続が細かく定められていることがあるのも，同じような理由かもしれない。

よく，「決定する」義務までは負わない。そして，一方の当事者が協議に応じない場合は契約違反かというと，理論的にはそうだが，損害の額がいくらかは困難な問題である。したがって，この条文はほとんど実効性がないと言える。

また，この条文がなくても，まともな当事者であれば，まず話し合いの機会を設けようとすると思われる。

② 無駄か

さらに，建前論からは「本契約に規定されていない事項」や「本契約の解釈についての疑義」などあってはならないはずである。

とは言え，この条文が害になることは考えがたいため，入れてはいけないというほどのことはないと思われる。また，第22条（ハードシップ）と同様に，話し合いのきっかけ（言い訳）を作る意味があるのかもしれない。

5　後　文

> ①
> ②
> IN WITNESS WHEREOF, the parties hereto have caused this Agreement to be <u>executed</u> by their <u>duly authorized representatives in duplicate as of the date first above written</u>, each party retaining one original.
>
> ---
>
> 上記を証するため，本契約の両当事者は，その適法に権限を与えられた代表者をして，冒頭に記載した日において本契約に署名させ，各自1通ずつを保有する。

決まり文句的な部分ではあるが，不明確さの種がないわけではない。

① "execute" とは

　誤解がよくあるので念のために注意しておくと，この文脈で "execute" とは「署名する」という意味であり，「実行する」「執行する」という意味ではない。

② 「権限を与えられている」と書いてあるから安心というわけではない

　この部分に "duly authorized representative" と書いてあるからといって，サインした人が本当に会社を代表する権限を有しているという保証はない。サインした人にはその権限がないから契約は無効だと相手が主張してきたのに対し，ここに「適法に権限を与えられた」と書いてあるという反論は成り立たない（後記**6**①「肩書きによって権限の有無が決まるわけではない」）。

③ 日付の意味

　この後文に書かれた日付の意味はよくわからないと考えるのが安全である（後記**6**③「日付の意味」）。

6　サイン

F: ABC Corporation

Name:
Title: CEO
Date: April 5, 2020

J: XYZ Kabushiki Kaisha

Name:
Title: President/Representative Director

Date: April 10, 2020

―――――――――――――――●―――――――――――――――

Ｆ：ＡＢＣコーポレーション

氏名：

肩書き：最高経営責任者

日付：2020年４月５日

Ｊ：ＸＹＺ株式会社

氏名：

肩書き：代表取締役社長

日付：2020年４月10日

サインする権限を確認するのが手堅い。

① 肩書きによって権限の有無が決まるわけではない

　日本の会社であれば，その会社の機関構成により，取締役，代表取締役，執行役または代表執行役が，会社を代表して契約を締結する権限を有する[57]。

　外国の会社の場合は，その会社の設立準拠法に応じて，どのような立場の人が契約を締結する権限を有するかが決まるのであり，特定の肩書きの人が常に会社を代表する権限を有しているわけではない。したがって，厳密に言うと，契約書にサインする人がそのような権限を有するかどうかを常に確認すべきである。が，そのような確認をするのは手数も費用もかかるため，実際問題としては，何らかの基準を設けるか（金額，取引類型など），または個別に判断して（相手との取引の長さ，以前と同じサイン者かどうかなど），権限を確認するかどうかを決めるしかないと思われ，現

―――――――――――――――――――――

57　場合分けが複雑なので，詳しくは会社法の解説書を参照。

実にもそのように取り扱われていると思われる。

② CEO

CEOとは，"Chief Executive Officer" の略で，会社の経営の最高責任者である。かなりラフには「社長」と同じようなものと理解できるかもしれないが，常に代表権を有しているわけではない。

③ 日付の意味

署名欄に「日付」という項目がある場合，もちろん実際にサインした日付を記入すべきである。

例文では「Fは2020年4月5日」に「Jは2020年4月10日」にサインしたと書かれており，契約はいつから有効になるかが問題であるが，一般的には最後のサイン日すなわち4月10日から有効になると考えられている。

しかし，後文には「冒頭に記載した日付において」と書いてあり（「有効になる」とは書いていないが），冒頭に記載した日付は「4月1日」なので，「契約はさかのぼって4月1日から有効だ」という議論もあり得る。

このような紛争にならないためには，契約の効力がいつ発生するかを定めておくことに尽きる。例文では第14条（期間）において，「冒頭に記載された日から有効」と定めてある[58]。

---

[58] 念のため，どのような定め方が最善かは一概には言えない。随所で述べてきたように，どのような契約条項がよいかはケース・バイ・ケースであり，いかなる場合もこれが最善と言えるような定め方は存在しない（売主にとって最善の条項は，買主にとって最悪）。
ポイントは，「この事項を定める必要がある」ということに気づき，いろいろな選択肢を柔軟に考え出すことができ，そしてこの状況においてはどの選択肢がみずからにとって最善かを判断し，それを条文の形にできる能力である。

④ "Witness" とは何か

　サイン欄の後ろか脇に，"Witness"（証人）という欄があり，サインを求められることがある。準拠法によっては，契約書が有効になるためには証人のサインが必要という場合があり，そのような場合であればやむを得ない。しかし，法律上要求されていないにもかかわらず，むやみにいろいろな人がサインすることには，慎重になったほうがよい。その人が契約の履行を保証したというような主張を受けないとも限らないからである。

⑤ 契約書の綴じ方

　英米では，日本のように契約書を袋綴じにしたり，頁間に契印（割り印）をしたりする習慣はない。各頁の右下あたりに，両サイン者がイニシャルを書くことはあるが，それほど頻繁ではない（頁数が多いとたいへんである）。現実には，製本機で綴じたり，ホチキスでとめたりするだけのことが多いようである。

第3章

練習問題を解いてみよう

　第2章では，比較的短い条文に訳文と注をつけて問題点を説明
してきたので，いずれも簡単なことに見えていたかもしれないが，
実際の契約書を検討する場合には，自力で読んで問題点を見つけ
ることが必要である。

　そこで，本章では「英文」として読む問題（第1節「英文を解
読しよう」例文1〜例文3）と「契約書」として読む問題（第2
節「問題を見抜こう」問題1〜16）を用意した。

1 英文を解読しよう

　本節では，英文契約書によく登場する条文を例に挙げ，どのように「解読」すればよいかを検討する。長い条文を読もうとすると，文の構造を把握するだけで精いっぱいで，場合によっては面倒くさくなって，「だいたいわかる」で妥協してしまい，「契約書として読む」余力がないこともしばしばあると思われる。しかし，これは危ない。これから述べるような方法で条文を地道に読むことを繰り返せば，次第に正確に読めるようになると思う。

　本節では，実際に条文を読むときのように最初から順に読んでゆき，それぞれの箇所でどのようなことを考えるかを，思考の流れに沿って説明する。

　最後まで読み通してから全体を読み直すという作業ももちろん必要だが，はじめて読むときにはともかく最初から順に読むしかないので，後から何が出てくるかわからないという前提で，その場その場でどう考えるかを検討する。はじめて条文を読むときに頭の中で行っている作業をスローで再生しているような感じになる。

　実際には，いろいろな条文を読み慣れてくると，闇の中を進むのではなく，この種の条文にはこういうことが書かれているはずだと，先を予想しながら読むことができるようになる。

1　何が要求されるか

　長い条文を読むときに必要なのは，もちろん英語力に加えて，根気，注意力，そして論理力であり，じつは法律的な知識はほとんど不要である。

　そして，長い条文を読むときには，意外に細かく見える点が重要である。

まず，"and" や "or" で列挙されているもののうち，どの語とどの語が同じレベルで並列されているかに注意することである。

　次に，どの語がどの語にかかるかを見きわめることである。場合によると，ある語が複数の語に共通してかかることがある。条文を読む場合には，ある語に続く語が後で登場することを念頭に置いて読み進め，候補の語が登場してきた場合には，予定していた語にその候補の語がつながることを確認することが必要である。また，想定していなかった語が唐突に登場した場合には，それがどこにつながるかを試行錯誤で検討して検証しなければならない。

2　本節をどう読むか

　最後に，本節を読む際の注意事項を申し上げておく。まず，法律用語については，いちおう訳して，必要と思われる箇所では簡単に説明しているが，深い解説はしていない。次に，条文の内容に「契約書として」問題がある場合，中立の立場からの問題提起にとどめている。いずれも，英文としての「解読」に集中して説明するためである。

　お手数ではあるが，例文をコピーして，それと「読み方」とを照らし合わせながら，線を引いたりマーカーをつけたりして読むとわかりやすいと思う。

例文 1

It is understood and agreed that the Licensor's liability for any damages suffered by the Licensee, its sublicensees, its employees, its officers, or its customers, whether in contract, in tort, under warranty, in negligence, or otherwise, shall be limited to the amount paid to the Licensor by the Licensee in connection with the transaction giving rise to such claim, and under no circumstances shall the Licensor be liable for any special, incidental, indirect or consequential damages (including lost profits) of the Licensee, any sublicensee, any employee, any officer, any customer, or any other third party, except if the Licenseor has been previously aware of the possibility of such damages.

読み方

▶It is understood and agreed that

「以下のことが理解され合意される」。"understood" と "agreed" に，とくに意味の違いはない。そして，以後は "that" 以下を読めばよい。

▶the Licensor's liability for any damages

「いかなる損害についてのライセンサーの責任も」。これが主語であると思われるため，それを念頭に，助動詞や動詞が登場してきた場合には，その助動詞や動詞がこの主語につながるかを確認する必要がある。

▶suffered by the Licensee

「ライセンシーが受けた」。"damages" を修飾し，"damages suffered

140

by the Licensee" となる。

▶its sublicensees

「その（ライセンシーの）サブライセンシー」。この位置づけは何だろうか。その直前の "by the Licensee" と並び，"suffered by ..." とつながっている。

▶its employees, its officers

「その従業員，その役員」。これらも "sublicensees" と並んで，"suffered by..." とつながっている。

▶or its customers

「またはその顧客」。じつは，この "or" は非常に重要で，これまで列挙されてきたいくつかのものが，この "or" の後の語で終わることを意味する。そこで，"or" の後の語を読み終えたら一息ついて，その次の語がどういう位置づけかを考えることになる。

▶whether in contract

「契約によるものであろうと」。唐突である。この "in contract" はどこにつながっているのだろうか。それを探すために，前に出てきた名詞を後ろから順にたどると，次のような候補が見つかる。

- its customers（および，それと同列の "the Licensee" や "its sublicensees" など）
- any damages
- the Licensor's liability

それぞれの候補に，"in contract" を試しにつなげてみると，"the Licensor's liability" にうまくつながることがわかる。すなわち，"the

Licensor's liability ... in contract"である。このように，**ある語が修飾する語が遠く離れていることもあるので，地道に検証することが必要である**。

▶in tort

「不法行為による」。"in contract" と同列に並び，"the Licensor's liability ... in tort" となる。

▶under warranty, in negligence

「保証による，過失行為による」。"in tort" と同列で "the Licensor's liability" につながる。

▶or otherwise

「またはその他」。"or" が出てきたので，これで列挙は終わりだとわかる。そこで，以上をまとめて訳すと，「ライセンサーの契約，不法行為，保証，過失行為またはその他による責任であっても」ということになる。

▶shall be limited

「限定されるものとする」。ようやく助動詞と動詞が出てきた。主語に戻ってつなげると，"The Licensor's liability ... shall be limited ..." となり，通じそうである。

▶to the amount

「金額に」。ライセンサーの責任が，何らかの金額に限定されるということがわかる。

▶paid to the Licensor by the Licensee

「ライセンシーによりライセンサーに対し支払われた」。"amount"
にかかる。

ここまでの大筋をまとめて訳すと，次のようになる。

> | ライセンシー | が受けた損害についての，ライセンサーの | 契約による | 責
> 任は，ライセンシーによりライセンサーに対し支払われた金額に限定される。

なお，枠で囲んだ「ライセンシー」と「契約による」は，それと同列の
さまざまなものの代表である。

このように，**同列で列挙されているものがいくつかある場合，それらを
とりあえず「一袋」に入れてまとめて読むと，筋をつかみやすい。**そして，
大きな筋自体に問題がある場合はその筋の修正を試み，大きな筋に問題が
なければ，袋を開いて細かい中身を検討するというイメージになる。最初
から枝葉にこだわると大きな問題を見落とすおそれがある。

▶in connection with the transaction

「取引に関して」。"paid ... in connection with the transaction" とつ
ながる。

▶giving rise to such claim

「そのような請求を生じさせた」。"transaction" を修飾している。3
つ上の "to the amount" まで戻ってまとめて訳すと，「そのような請
求を生じさせた取引に関してライセンシーによりライセンサーに対し支
払われた金額」となる。

「そのような請求を生じさせた取引」とされているのは，複数の取引

があった場合，取引Aから発生した損害については，取引Aについて支払われた額に限定されるという意味である。ライセンシーの立場に立った場合，そのような限定を受け入れるかどうかは問題である。

▶and

　この "and" は，何と何をつないでいるのか。これ以降を少し読むとわかるように，ここまででセンテンスが終わっており，この後は新たな話題になることがわかる。

　なお，"and" や "or" で列挙する場合には，"and" や "or" の直前に "," を打つ流儀（"A, B, C, and D"）と打たない流儀（"A, B, C and D"）とがある。"," が打ってあるから大きな区切りで，打っていなければ小さな区切りとは言えず，この条文の中でも一貫していない。したがって，"," が出てきた場合，そこで切れるのかどうか，切れるとしてどのように切れるのかを個別に検討しなければならない。

▶under no circumstances

　「いかなる状況でも」。これだけではわからないため，続けて読む。

▶shall the Licensor be liable

　「ライセンサーは責任を負わない」。"under no circumstances" につながるため，倒置されて "shall＋主語＋動詞" の形になっている。

▶for any special

　「特別な……について」。"liable for ..."とつながり "under no circumstances shall the Licensor be liable for any special ..."，すなわち「特別な……についてライセンサーは責任を負わない」という文になると予想される。

▶incidental, indirect or consequential damages (including lost profits)

「付随的，間接的または結果的な損害（逸失利益を含む）」。要領がわかってきたと思う。"special" と同列の列挙が "or" の後まで続き，"damages" にかかっている。なお，それぞれの損害が何を意味するかは割愛する（前記第 2 章**2**の**4**第12条②（88頁））。

▶of the Licensee

「ライセンシーの」。まとめて訳すと，「ライセンシーの特別な，付随的，間接的または結果的な損害（逸失利益を含む）」となる。

▶any sublicensee, any employee, any officer, any customer, or any other third party

「いかなるサブライセンシー，いかなる従業員，いかなる役員，いかなる顧客またはその他のいかなる第三者」。これで列挙が終わるため，戻って損害の範囲までまとめて訳すと（くどいので「いかなる」は省く），「ライセンシー，いかなるサブライセンシー，従業員，役員，顧客，またはその他の第三者の特別な，付随的，間接的または結果的な損害（逸失利益を含む）について」となる。

そこで，ここまでをまとめると，次のようになる。

ライセンシー，そのサブライセンシー，その従業員，その役員またはその顧客が受けた損害についての，ライセンサーの契約，不法行為，補償，過失行為またはその他による責任は，そのような請求を生じさせた取引に関してライセンシーによりライセンサーに対し支払われた金額に限定され，いかなる状況でも，ライセンサーはライセンシー，いかなる従業員，役

員，顧客またはその他の第三者の特別な，付随的，間接的または結果的な
損害（逸失利益を含む）について責任を負わない。

　なお，ここで，細かい不一致にお気づきだろうか。前段では「ライセン
シー，サブライセンシー，従業員，役員，顧客」が受けた損害となってい
るのに対し，後段では「ライセンシー，サブライセンシー，従業員，役員，
顧客，その他の第三者」の損害となっており，後段にだけ「その他の第三
者」がある。これだと，前段に「その他の第三者の損害」を含むのかどう
かが争いになるおそれがあるので，「その他の第三者」を両方に入れるか
または両方から削除するか，どちらかに統一するのがよい。

▶except if
　「以下の場合を除き」。これまでの原則に対する例外を定めるものであ
り，重要な部分である。疲れてきているかもしれないが，これ以下は
いっそう慎重に読む必要がある。

▶the Licenseor has been previously aware of the possibility of
　such damages
　「ライセンシアー（？）が以前にそのような損害の可能性を知ってい
た」。この "Licenseor" はミスタイプである。そして，これが "Licensor"
か "Licensee" かにより，この例外の意味は異なり，このまま契約し
て事件が発生した場合には問題になる。
　これが "Licensee" であるとすると，「ライセンシーが侵害の可能性
を知っていた場合を除き」となり，その場合ライセンサーとしては，明
示的には書いていないが「ライセンサーは責任を負わない」と主張した
くなる。
　逆にこれが "Licensor" であるとすると，「ライセンサーが侵害の可

146

能性を知っていた場合を除き」となり，その場合ライセンシーとしては，やはり明示的には書いていないが「ライセンサーの責任は限定されない」と主張したくなる。

　一般に，"Licensor" と "Licensee" は（日本語でも）わずかな違いなので，書き違えたり読み違えたりすることがある。明白な誤記だとわかる場合であればよいが，以上のようにどちらでも意味が通じ，重大な違いをもたらすこともあるので，よくよく気をつけて読まなければならない。

　もちろんこのような誤記をしないのが一番であるが，たとえ "Licenseor" と誤記されていたとしても，「……の場合を除き，その……の場合はこうなる」と規定してあれば正解がわかる。一般に，"except" と言いっぱなしにするだけでなく，"except" された場合にどうなるかを定めておくと，争いの余地が少なくなる（前記第 1 章**3**の**1**(9)②（34頁））。

　たとえば "Licensee" を意図している場合は，次のようになる。

---

except if the Licenseor has been previously aware of the possibility of such damages, where the Licensor shall not be liable at all.

———————————●———————————

ただし，ライセンシアーが以前にそのような損害の可能性を知っていた場合を除き，その場合，ライセンサーはまったく責任を負わない。

　逆に "Licensor" を意図している場合は，次のようになる。

except if the Licenseor has been previously aware of the possibility of such damages, where neither of the above-mentioned limitations of liability shall apply and the Licensor shall be fully liable to all damages of the Licensee.

ただし，ライセンシアーが以前にそのような損害の可能性を知っていた場合を除き，その場合，上記の責任の制限はいずれも適用されず，ライセンサーはライセンシーの損害すべてにつき責任を負う。

"neither of the above-mentioned limitations" としてあるのは，前段の制限（金額）も後段の制限（損害の範囲）も適用されないことを明らかにするためである。

全　訳

ライセンシー，そのサブライセンシー，その従業員，その役員またはその顧客が受けた損害についての，ライセンサーの契約，不法行為，補償，過失行為またはその他による責任であろうと，そのような請求を生じさせた取引に関してライセンシーによりライセンサーに対し支払われた金額に限定され，いかなる状況でも，ライセンサーはライセンシー，いかなる従業員，役員，顧客またはその他の第三者の特別な，付随的，間接的または結果的な損害（逸失利益を含む）について責任を負わない。ただし，ライセンシアーが以前にそのような損害の可能性を知っていた場合を除く。

趣　旨

この条文は，例えばライセンサーがライセンシーに対し「ライセンスした技術が第三者の権利を侵害していたことによりライセンシーの受けた損

害をライセンサーが賠償する」という保証をしている場合に，ライセンサーの賠償の範囲を制限するものである。すなわち，ライセンサーの賠償額はライセンシーがライセンサーに対し支払った金額を上限とし，ライセンサーは一定の特別な損害などについては責任を負わないという，2つの制限を規定している。

注意点

　ライセンシーとしては，そもそもこのような制限を受け入れるかどうかが問題であり，受け入れるとしても，このような制限でよいかどうかがポイントになる。ライセンサーとしては，当然のことながら，できるだけ責任が軽くなるように交渉すべきである。

During the term of this Agreement and for a period of one year thereafter, the Executive shall not, directly or indirectly, either as an employee, employer, consultant, agent, partner, director, or in any other capacity, engage or assist any third party in engaging in any business competitive with the business of the Company. After termination of this Agreement, the Executive shall not solicit or induce any employee of the Company or its affiliates to terminate their employment or refrain from rendering services to the Company or its affiliates, nor shall the Executive solicit or induce any distributor or any customer of the Company or its affiliates to cease conducting business with the Company or its affiliates to conduct similar business with any competitor of the Company or its affiliates.

読み方

▶ During the term of this Agreement

「本契約の期間内」。

▶ and for a period of one year thereafter

「およびその後1年間」。"thereafter" の "there" が "the term of this Agreement" を指すことは明らかである。

▶ the Executive shall not

「本役員は……してはならない」。

▶directly or indirectly

「直接的または間接的に」。

▶either as an employee, employer, consultant, agent, partner, director, or in any other capacity

「従業員，雇用主，コンサルタント，代理人，パートナー，取締役またはその他のいかなる立場であっても」。なお，この"partner"とは，"partnership"（英米の企業体で日本の組合に類似するもの）の構成員としての"partner"を意味するものであり，ビジネスのパートナーすなわち提携先や協力先を意味するものではない。

▶engage

「……に従事する」。この「……」が後で登場すると予想しながら読み進める。通常は"engage in"とつながるはずである。

▶or assist any third party

「またはいかなる第三者に……で協力する」。この「……」が後で登場すると予想しながら読み進める。通常は"assist in"か"assist with"とつながるはずである。

▶in engaging

「……に従事する」。"in"が出てきたので，つながる候補を探す。まず，2つ上の"engage"だとすると，"engage in engaging"になってしまい，おかしい。とすると，直前の"assist any third party"が有力である。これならば，"assist any third party in engaging"となり，「いかなる第三者が……に従事することに協力する」となる。そこでさらに，この"in engaging"に続く語を追う。

このように，**英文契約書の条文を読むイメージとしては，宿題を複数抱えてその回答を探しつつ，途中でさらに増えていく宿題を忘れないように管理しながら読み進めるという感じになる。**新聞，雑誌や小説，エッセイなど一般の英文を読む場合も，おそらく同じような作業を無意識に行っていると思うが，英文契約書の場合は，それを自覚的に行う必要がある。

▶in any business
　「いかなる事業に」。一気に２つの宿題が片づいた。この "in any business" は，３つ上の "engage" と２つ上の "assist any third party in engaging" の両方につながるのである。

　このように，英文契約書の条文が読みにくい理由の１つとして，どの語がどの語と並列されているかとか，どの語がどの語にかかるかなどが複雑なことがある。
　すでに何回も同じような場面が登場しているが，**混乱せずに読むためには，"or" や "and" が何と何とを並列しているか，どの語がどの語につながっているか（修飾しているか）を意識しながら読むことである。**
　ここまでをまとめると，次のような構造になる。

```
the Executive shall not

                    engage                              (in any business)
                    or                                       ↑
                    assist any third party in engaging in any business
```

　さて，本役員は "engage in any business" と "assist any third party in engaging in any business" の２つを禁止されているが，禁止されるのが "any business" では広すぎるため，限定されるであろうと予想される。

152

▶competitive with the business of the Company

　「本会社の事業と競合する」。上の "any business" にかかり，"any business competitive with the business of the Company"，すなわち，「本会社の事業と競合するいかなる事業にも……してはならない」となる。

　これで第一文が完結し，ここまでをまとめると次のようになる。

本契約の期間内およびその後1年間，本役員は直接的または間接的に，従業員，雇用主，コンサルタント，代理人，パートナー，取締役またはその他のいかなる立場であっても，自ら本会社の事業と競合する事業に従事することも，第三者が本会社の事業と競合する事業に従事するのに協力することも，してはならない。

▶After termination of this Agreement

　「本契約の終了後」。念のため，第一文では本契約終了後1年間となっていたが，第二文では終了後ずっとということになる。これでよいか，検討が必要である。

▶the Executive shall not

　「本役員は……してはならない」。

▶solicit or induce any employee of the Company or its affiliates

　「本会社またはその関連会社の従業員を勧誘したり説得したり」。"or" で列挙されている語がそれぞれ2つだけなので，誤解はないと思う。念のために分かりやすく書くと，「（本会社またはその関連会社）の従業員を（勧誘したり説得したり）」となる。なお，いちおう訳し分けてはいるが，"solicit" と "induce" の意味は同じであると思われる。

この例は単純なので間違えることは少ないと思われるが，それでも，「勧誘したり本会社の従業員やその関連会社を説得したり」というような誤解があり得る。このような切り方の読み誤りは，もっと並列が長く"and"や"or"が入り組んでいる場合に起こりやすい。どこで切れて，どれとどれがつながるかを試行錯誤で検証することが大切である。

　つながり方が不明確な場合は，明確になるように書き直すべきである。確実なのは箇条書きや算式で書くことである。契約書は文章で書かなければならないという決まりはなく，箇条書きや算式にしても問題ない。

▶to terminate their employment
　「雇用を終了する」。これがどこにかかっているかというと，"solicit"と"induce"の2つであり，「雇用を終了するよう勧誘したり説得したり」となる。

▶or
　さて，"or"が登場したため，何と何が並列されているかに気をつけながら読み進める必要がある。

▶refrain from rendering services
　「役務の提供をやめる」。この"refrain"は何と同列だろうか。まず，"solicit or induce"が候補になり得るが，これと同列だとすると"the Executive shall not refrain from rendering services ..."となり，明らかにおかしい。

　とすると，"terminate"と同列だろうか。これならば，"the Executive shall not solicit or induce ... to refrain from rendering services"，すなわち，「本役員は……役務の提供をやめるよう勧誘したり説得したりしてはならない」となり，通じる。

このように条文がきちんと書かれている場合は，よく読めば「解読」できるが，うまく書かれていないと，どの語とどの語が同列か不明なことがあり，ひどいときにはどのようにつなげても意味をなさないことさえある。そのような「分からない」条文があった場合は，分かるように書き直すべきである（前記第１章**3**の**1**(3)「これだけは，の『ひとこと』」11頁）。

▶to the Company or its affiliates

「本会社またはその関連会社に対する」。これが直前の "refrain from rendering services" にかかっていることは明らかである。しかし，そうであるとすると，3つ上の "to terminate their employment" が落ち着かない。この "to the Company or its affiliates" は，"to terminate their employment to the Company or its affiliates" というように，"to terminate their employment" にもつながると考えられる。

しかし，これは分かりにくいし，また，"employment" につながるのは "to" よりも "with" が通常である。さらに，"refrain" がどこにかかるのかが一瞬分かりにくいという問題もあった。

これをともに解決するためには，次のように「前置詞を入れて，つながり先を明らかにする」という方法がある。枠で囲んだものが追加した前置詞である。

---

the Executive shall not solicit or induce any employee of the Company or of its affiliates to terminate their employment with or to refrain from rendering services to the Company or its affiliates.

こうすると，以下のように，"or" でつながっている語同士の構造が同

じになり，並列関係が見やすい。なお，"solicit or induce"の目的語が"any employee of the Company"または"any employee of its affiliates"であることを明らかにするために，"its affiliates"の前にも"of"を入れた。

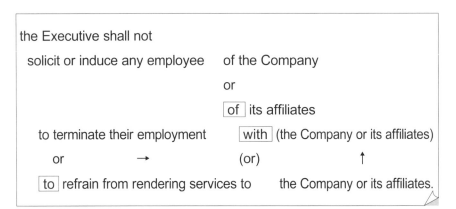

このように，前置詞が唐突に文中に登場すると読みにくいと感じるかもしれないが，慣れてくると，親切で分かりやすいと感じられると思う。どことどこがつながるかを意識しながら読む習慣をつけると，次第に読みやすくなっていく。

▶nor shall the Executive

「本役員は……してはならない」。禁止されている行為がさらに続くことが予想される。

▶solicit or induce

「勧誘したり説得したり」。

▶any distributor or any customer of the Company or its affiliates

「本会社またはその関連会社の販売店または関連会社」。くどいようだが，"the Company"と"its affiliates"のそれぞれが"any distributor"

と "any customer" の両方にかかり,「(本会社またはその関連会社)の(販売店または顧客)」となる。

"or" で3つのものが並列されていると思い,「販売店または本会社の顧客またはその関連会社」というように誤解してはいけない。

▶to cease conducting business

「事業を営むことをやめる」。"solicit or induce" につながり,「事業をやめるよう勧誘したり説得したり」となる。

▶with the Company or its affiliates

「本会社またはその関連会社との」。"business" につながる。

▶to conduct similar business

「類似の事業を営む」。これはどこにつながるのか。"solicit or induce" ではない。"in order" を補って "(in order) to conduct similar business" とするとわかりやすい。"to cease conducting business with the Company or its affiliates" 全体を修飾し,「類似の事業を営むために,本会社またはその関連会社との事業を営むことをやめる」である。

▶with any competitor of the Company or its affiliates.

「本会社またはその関連会社のいかなる競争者とも」。念のため,「本会社のいかなる競争者またはその関連会社」ではない。

本契約の期間内およびその後1年間，本役員は直接的または間接的に，従業員，雇用主，コンサルタント，代理人，パートナー，取締役またはその他のいかなる立場であっても，自ら本会社の事業と競合する事業に従事することも，いかなる第三者が本会社の事業と競合する事業に従事するのに協力することも，してはならない。本契約の終了後，本役員は本会社またはその関連会社の従業員を，本会社またはその関連会社との雇用を終了するようまたは本会社またはその関連会社に対する役務の提供をやめるよう勧誘したり説得したりしてはならず，さらに本役員は本会社またはその関連会社のいかなる販売店や顧客を，本会社またはその関連会社との事業を営むことをやめて本会社またはその関連会社のいかなる競争者とも類似の事業を営むよう勧誘したり説得したりしてはならない。

趣　旨

　役員との間の契約書に，このような条文が入れられることがある。第一文では会社と競合する事業を行うことを禁じ，第二文では会社の従業員や取引先に会社との取引をやめたり会社と競合する事業を行ったりするよう勧誘することを禁じている。

注意点

　このような条文は，役員の職業選択の自由や営業の自由を制限するものとして，一部無効になる可能性がある。そのような大上段の議論はさておくとすると，制限される期間，場所，業種，行為の態様，そして対価が支払われるかなどが交渉の対象になる。

例文 3

The Borrower shall pay to the Lender all amounts of principal of and interest on the Loan and all other amounts payable hereunder without set-off or counterclaim and free and clear of and without deduction or withholding for or on account of any present or future taxes now or hereafter imposed, by way of deduction or otherwise, by Japan or any taxing authority thereof or therein, or by any taxing authority of or in any other country from where the payment is made, or by any federation or association of or with which Japan or such country may be a member or associated and all interest, penalties or similar liabilities with respect thereto (the "Taxes"). If any Taxes are so levied or imposed, by way of deduction or otherwise, the Borrower shall pay to the Lender the full amount of such Taxes, and such additional amount in respect of Taxes as may be necessary so that every net payment of principal of and interest on the Loan, after withholding or deduction or payment otherwise for or on account of any Taxes, shall be equal to any amount provided for herein and, if necessary, shall pay on behalf of the Lender to the appropriate taxing authority in accordance with the applicable laws or otherwise indemnify the Lender for such Taxes.

読み方

▶The Borrower shall pay to the Lender

　「借主は貸主に対し……支払う」。出だしはわかりやすい。何を支払うかが問題である。

▶all amounts of principal of and interest on the Loan and all other amounts payable hereunder

「本ローンの元本と利息の全額および本契約に基づき支払うべきその他の全額」。切らずに最初から読んでみる。まず，"all amounts of principal"（元本の全額）の後に"of"があることから，この後に"of ..."と続く語の登場が予想される。

その次の"and"は何と何を並列しているのだろうか。直後に"interest on"とあり，これが"principal of"と同じ構造をしているので，この2つが並列されていることがわかる。そして，"interest on ..."と続く語が登場するはずである。

"the Loan"が登場した。これが，"principal of the Loan"と"interest on the Loan"と2つにつながり，「本ローンの元本と利息」となる。

その次の"and"は何と何を並列しているのか。直後に"all other amounts payable hereunder"とある。これと並ぶ語をさかのぼって探していくと，"the Loan"でも"interest"でも"principal"でもなく，"all amounts"であることがわかる。

以上をまとめると，この部分は次のような構造をしている。

```
all amounts
            of principal of (the Loan)
            and                 ↑
            interest on      the Loan
   and
all other amounts payable hereunder
```

なお，この例文は一般にカンマが少ないために読みにくく，読み違いの

おそれが高い。**カンマが少ない条文は，カンマを補ったり，（　）をつけたりすると，読みやすくなる。**

▶without set-off or counterclaim and free and clear of and without deduction or withholding for or on account of any present or future taxes now or hereafter imposed

「相殺や反対請求がなく，そして，現在課されまたは将来課される税金がなくまたは支払い済みで，それらの税金としてまたは税金に充当されるものとしての控除または源泉徴収がなく」。この部分は，相当ややこしいため，先に文の構造を示すことにする。どの語がどの語と同列で並び，どの語がどの語とつながっているかという，これまで何回も登場した問題の複雑な応用である。

以上をまとめると，この部分は次のような構造をしている。

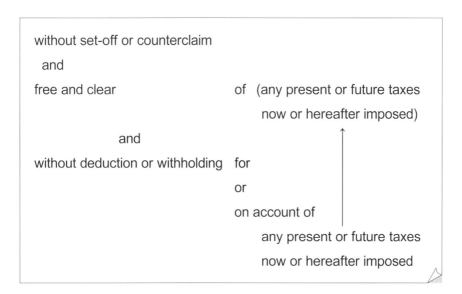

なお，細部を「袋詰め」（第3章1例文1（140頁））にすると，「相殺」が

なく，そして，税金 またはその控除 がなく」となる。複雑な肉付けを
削ってしまうと，骨組みは簡単なものであることがわかると思う。

▶by way of deduction or otherwise

「控除その他の方法により」。これがどこにかかるかを探ると，"imposed"
であることが分かる。「控除その他の方法により……課される」となる。

▶by Japan or any taxing authority thereof or therein

「日本または日本のもしくは日本に所在する税務当局により」。これも，
"imposed" にかかることが分かる。

この部分の趣旨は必ずしも明らかではない。"any taxing authority
thereof" とは何を意図しているのかわからない。"any taxing authority
therein" は地方自治体を意味するものと思われる。

▶or by any taxing authority of or in any other country

「またはその他の国のもしくはその他の国に所在する税務当局により」。
最初の "or" は何と何を並列しているか。直前の "by Japan …" と同
列で，課税する主体を列挙している。

▶from where the payment is made

「そこから支払がなされる……」。"any other country" を限定し，「そ
こから支払がなされるその他の国」となる。

▶or by any federation or association

「またはいかなる連合体または団体により」。最初の "or" が何と何を
並列しているかを検討すると，2つ上の "by any taxing authority …"
だと分かる。

▶of or with which

"which" は "any federation or association" を指し, "of" と "with" がそれぞれ "which" とつながっていることがわかる。ということは, 後ろで "which ... of" と "which ... with" となる構造をしていると予想される。ひとまず宿題として, ヒントが出てくるのを待つ。

▶Japan or such country

「日本またはそのような国」。"which" 節の中の主語のようだ。"such country" とは何か。さかのぼって検討すると, "any other country from where the payment is made" だと分かる。

▶may be a member or associated

「構成員であるか関連しているか」。宿題の答えが出た。"of" と "with" がそれぞれにつながり, "which Japan or such country may be a member of" と "which Japan or such country may be associated with" となる。

「袋詰め」にして訳すと, 「 日本 が 構成員 である 連合体 」となる。まとめれば随分簡単なことを, ひどく複雑に表現していることが分かる。

なお, このような連合体や団体が具体的に何を意味するかは, 日本については不明である。関係する国がEU加盟国であるとするとEUを意味することになりそうであるが, EU自体が課税する税はない。

▶and

さて, この "and" は, 何と何を並列しているだろうか。読み進める。

▶all interest, penalties or similar liabilities

「すべての利子, 罰金, または同様の支払責任」。これが何と並列の関

係にあるかを探すと，かなりさかのぼる。結論として，"any present or future taxes now or hereafter imposed"と同列で，"free and clear of and without deduction or withholding for or on account of"につながる。

▶with respect thereto (the "Taxes").

「……について（以下「本税金」）」。直前の"all interest, penalties or similar liabilities"を修飾する。"thereto"は何を指すか。"any present or future taxes now or hereafter imposed"である。

そこで，"all interest ..."以下をまとめると，「現在課されまたは将来課される税金についてのすべての利子，罰金，または同様の支払責任がなくまたは支払い済みで，それらとしてまたはそれらに充当されるものとしての控除または源泉徴収がなく」となる。遠く離れた語に，いくつもの語が重なってつながっていることがわかる。このような読み方に慣れてくると，複雑な構造も次第に解明しやすくなってくる。

▶If any Taxes are so levied or imposed

「いかなる本税金がそのように課されまたは賦された場合」。まず，違う言葉が使われているのであえて訳し分けているが，"levied"と"imposed"は同義であると考えてよく，実際問題としては，まとめて「課され」と訳して差し支えないと思われる。

次に，"so"（そのように）は，「どのように」か。不明確であるが，5行目の"imposed"の後ろすべて，すなわち，"by way of deduction or otherwise ... by any federation or association of or with which Japan or such country may be a member or associated"であると推測される。

　なお，細かいことではあるが，例文の５行目は"imposed"となっており，この12行目は，"levied or imposed"となっており不一致である。これが理由で紛争になるということは想定しにくいが，一般に，用語に不統一があると争いの元になるので，統一しておくほうがよい。

▶by way of deduction or otherwise
「控除またはその他の方法で」。"levied or imposed"にかかる。

▶the Borrower shall pay to the Lender
　「借主は貸主に対し支払わなければならない」。「何を」支払わなければならないのかが，後ろに出てくるはずである。

▶the full amount of such Taxes
　「そのような本税金の全額」。これを支払わなければならない。

▶and such additional amount in respect of Taxes
　「および本税金に関するそのような追加の金額」。"the full amount of such Taxes"と同列である。

▶as may be necessary
　「必要な」。まず，"as"である。これがどこにかかるかを探るため，"such"に戻って当てはめてみる。"such Taxes"と"such additional amount in respect of Taxes"の両方にかかるようだ。この文のように，"as"に対応する"such"が書かれている場合はよいのだが，"such"が書かれていないために"as"がどの語に対応するかがわからない文もある。
　そして，"necessary"とあるので，後ろに「何のために必要な」と

か「どのように必要な」が登場するはずだとの宿題ができる。

後ろはひとまず考えずに，とりあえずここまでまとめて訳すと「……に必要な，本税金の全額および本税金に関する追加の金額」となる。

▶so that
　「……のようにするために」。"necessary" を説明し，この後にどうすればよいかが説明されるはずである。

▶every net payment of principal of and interest on the Loan
　「本ローンの元本と利息のすべての純支払額」。これくらいはひと目でわかると思う。"principal of" や "interest on" と前置詞が書かれているので構造が見やすく，"principal of" と "interest on" が同列であることが分かる。おそらくこれが主語だろう。

このように，前置詞に続く語が書かれていない文は，最初は奇異で読みにくいと思われるかもしれないが，じつは読み慣れてくると，並列関係が見やすく，かえってわかりやすいと思えるようになる。

▶after withholding or deduction or payment otherwise
　「源泉徴収または控除またはその他の支払いの後に」。3つのものを"A, B or C" ではなく，このように "A or B or C" とすることもある。"and" でも同様である。

条文が文法的に一貫して書かれているとは限らず，柔軟に試行錯誤を繰り返すことが必要である。

▶for or on account of any Taxes

「いかなる税金としてまたは税金に充当するものとして」。いちおう訳し分けているが，この"for"と"on account of"とは事実上同じ意味だと思われる。

▶shall be equal to

「……と同じでなければならない」。ようやく助動詞と動詞が登場した。主語は，3つ上の"every net payment"である。全体の構造は「……のすべての純支払額が……と同じでなければならない」となり，後ろに「……」が登場する予定であることがわかる。

▶any amount provided for herein

「本契約に規定されている金額」。

▶and

この"and"は，何と何とを並列しているだろうか。これを宿題にして読み進める。

▶if necessary

「必要な場合」。これは挿入句であり，どこにかかるかをしばらく保留して読み進めるのが賢明である。前後に"，"が打ってあるので挿入句であることがわかりやすいが，**"，"を打たずに挿入句が現れることもあり，読み違えないようにしなければならない。**

▶shall pay

「支払わなければならない」。主語は，遠く離れた6行上の"the Borrower"である。これで，2つ上の"and"が何と何を並列してい

るかがわかる。"and"の後に"shall pay"が出てきているため，それと文法的に対応する部分だという前提で探すと，まず，1行上に"shall be equal to"があるが，これと並列されているとすると意味がおかしい。そこで遡ると，6行上の"the Borrower shall pay to the Lender"と並列されていることが分かる。このように，並列される可能性のある候補がいくつかある場合は，それぞれにつなげると意味が通るかどうかを試行錯誤して地道に検証する必要がある。

▶on behalf of the Lender
　「貸主に代わり」。"pay"につながる。

▶to the appropriate taxing authority
　「適切な税務当局に対し」。これも"pay"につながる。

▶in accordance with the applicable laws
　「適用される法律に従い」。これも"pay"につながる。

▶or
　この"or"は何と何を並列しているのだろうか。読み進める。

▶otherwise indemnify the Lender for such Taxes.
　「その他の方法で貸主をそのような本税金から補償する」。"otherwise"とあるので，何かに加えて行うことである。とすると，"shall pay"につながることがわかる。このように，1つ上の"or"は"shall pay ... or otherwise indemnify ..."とつないでいるのである。なお，「補償」とは他の者が支出したり負担したりした額をその者に支払うことを意味する。

全　訳

借主は貸主に対し，本ローンの元本と利息の全額および本契約に基づき支払うべきその他の全額を，相殺や反対請求がなく，そして，日本または日本のもしくは日本に所在する税務当局により，またはそこから支払がなされるその他の国のもしくはその他の国に所在する税務当局により，または日本もしくはそのような国が構成員である連合体または日本もしくはそのような国が関連している団体により，控除その他の方法により，現在課されまたは将来課される税金およびそれについてのすべての利子，罰金，または同様の支払責任がなくまたは支払い済みで，それらの税金としてまたは税金に充当されるものとしての控除または源泉徴収がなく支払わなければならない。いかなる本税金が控除またはその他の方法でそのように課されまたは賦された場合，借主は貸主に対し，本ローンの元本と利息のすべての純支払額が，いかなる税金としてまたは税金に充当するものとして源泉徴収または控除またはその他の支払いがなされた後に，本契約に規定されている金額と同じにするために必要なそのような本税金の全額および本税金を支払い，必要な場合，貸主に代わり適切な税務当局に対し，適用される法律に従い支払わなければならず，また，その他の方法で貸主をそのような本税金から補償しなければならない。

趣　旨

　訳文を読んでもなお，意味がとりにくいかもしれない。この条文は，次のようなことを定めている。日本の借主が外国の貸主に利息を支払う場合，源泉徴収しなければならないことがある。例えば，利息が100だとすると，20を源泉徴収して税務署に納付し，残りの80を貸主に支払うということになる。しかし，貸主としては手取り額が減るのは望ましくないので，税引き後の手取り額が100になるようにしたい。そのことを定めるのがこの条

文である。一般に"gross up"条項と呼ばれ，日本語では「税引き手取り条項」などと呼ばれる。

　前半では，支払額は税金などがない状態でなければならないと定め，後半では，源泉徴収が要求される場合，借主がそれを負担し貸主には手取りで100支払わなければならないと定める。その場合，借主は20を追加して貸主に支払えばよいのではない。その20にも源泉徴収が必要なので，算数の問題を解くと，支払額全額を125として，$125 \times 20\% = 25$を源泉徴収し，$125 - 25 = 100$を貸主に支払わなければならないということになる。つまり，100の支払でよかったものが，125になってしまうというたいへん不利な定めである。

　このようなことを，この条文を読む前に知っていたら読むのが大幅に楽になったことだと思う。英文契約書を読む経験を重ねていくと，頻出する条文の趣旨やおおまかな内容が分かってくる。もちろん，実際の契約書は千差万別なのでそれぞれに注意して読まなければならないが，あらすじを事前に知っていれば楽である。というように，英文契約書を読み続けると，読むことが加速度的に楽になってくる。

注意点

　借主その他金銭を支払う側の当事者は，このような条文を受け入れてしまうと金銭的な負担が増加してしまうので，容易に受け入れないようにしたい。中間的な解決策は，たいへん難しいのが実情である。

2 問題を見抜こう

　本節では，問題のあるいろいろな条文を挙げて，どのような解釈の違いや不都合があるかを考える。英文として「解読」することで力を使い尽くし，契約書としての視点から検討する余力がないこともあると思う。しかし，英文として正確に読むのは契約書を検討する出発点であり，むしろ「契約書」として読むほうが重要と言える。

　第1節「英文を解読しよう」の例文に比べればずっと短く簡単な例文ばかりなので，「契約書」としての読み方を実践していただきたい。

1　何が要求されるか

　英文契約書の条文を契約書として読む場合に要求されるのは，じつは英文として読む場合に必要なものと変わらず，英語力に加えて，根気，注意力，そして論理力である。

　さらに言うと「想像力」がある。それは，「この条文は現実にはどのような場合に適用されるのか」「この条文を相手の立場で読むとどのように読める可能性があるか」「こういう事態が発生したらどうなるか」など，思い込みにとらわれずにさまざまなことを想像できる力である。

2　本節をどう読むか

　最後に，本節を読む際の注意事項を申し上げておく。まず，通常の問題集であれば，自力で解いてみてから解答と照らし合わせるのが普通だと思われるが，本節の問題については，少し考えてみてすぐに解説まで読み進めていただいてかまわない。

　次に，解説に書かれている以外の問題点や議論もあると思うので，問題

を素材として自由にお考えいただきたい。

　さらに，解説の理屈や解決策がおかしいのではないか，などと深く読んでいただくのも望むところである。

3　練習問題について

　それでは，練習問題を開始する。最初に小手試しをし（問題1），次いで問題点を以下のような類型別にまとめた問題を挙げる。

⑴　言葉／条文の意味が分からない／おかしい（問題2から4）

⑵　ある言葉がどこにかかるか分からない（問題5から10）

⑶　想定外の事態があり得る（問題11から13）

⑷　文／条文の関係が分からない／おかしい（問題14から16）

　なお，類型別に分けてはいるが，じつはそれぞれが重なり合ったりしているため，いちおうの分類とご理解いただきたい。

　それぞれの問題につき答えを考えて，どう修正すれば問題点が解決できるかも考えていただきたい。答えが思いつかない場合，「解説」をまず読んでから解決案を考えてもかまわない。また，設問で指摘しているもの以外にも問題点があることがあり，「さらなる問題」としてそのような問題点を検討する。

問題1

練習問題も地下鉄からである。車両まであと10メートルくらいのところで発車ベルが鳴り出し，次のようにアナウンスされている。

> これからの無理なご乗車はおやめください。

ホームには誰もいないし，車内はがら空きである。少し速足で乗り込むことは許されるか。両方の立場からどのような議論ができるか。

解　説

ぎりぎりで乗り込んだところ，乗り合わせていた警備員と，こんな会話になった。

警「無理な乗車をしないでください」

客「少し速足にしただけなので，無理な乗車ではありません」

警「発車ベルが鳴ってからの乗車はおやめくださいという意味です」

客「それならば，『無理な』とアナウンスしないでください」

警「ベルが鳴ってからの乗車は，すべて『無理』なのです」

客「とすると，列に並んで待っていた人も，ベルが鳴ったら乗車できないのですか」

警「屁理屈を言わずに，常識で考えてください」

この会話からお分かりのように，乗客は「これからの」「無理な」乗車が禁止されているのだから，「無理でない」乗車は許されると解釈している。これに対し警備員は，「これからの乗車」はすべて「無理な」乗車であり禁止されると解釈している。

アナウンスを英文契約書風にすると，"No passenger may forcibly ride on a train from now." という感じになると思うが，見覚えはないだろうか。"J shall promptly dispatch notice to F within 10 days."（Jは10日以内に速やかにFに通知を発送しなければならない）という例（第1章 **3**の**2**(8)「無駄はないか」29頁）と似たような問題である。

解決策

　それでは，どのようなアナウンスにすれば解決できるだろうか。まず，これではどうか。

> ベルが鳴り始めて以降，危険または迷惑またはその両方が合理的に予想されるような方法により乗車を試みることはおやめください。

　しかし，これでは判断基準が不明確である。明確にするには，例えば駅構内に赤い線を引き，次のような表現にすることが考えられる。

> ベルが鳴り始めたときに赤い線よりも後ろにおいての方は，乗車を試みないでください。

　しかし，これでも不都合なことがある。なぜなら，赤い線よりも車両側にいる人が，ベルが鳴ってから，離れている車両を目指して走るのは許されることになってしまうからである。とすると，いっそのこと，これが正解ではないだろうか。

> ホームを走らないでください。

　そもそも発車ベルとは無関係に，走るのは危険でありやめさせるのがよ

174

いからである。

さらなる問題

①　「立法趣旨」は何か

　さて，ここまで，問題のアナウンスの趣旨は危険防止であるとの前提で
話を進めてきた。しかし，趣旨はまったく別かもしれない。というのは，
発車ベルが鳴り始めたとき，次のようにアナウンスされることもあるから
である。

> すいているドアからご乗車ください。

> 満員のドアから無理に乗ろうとすると遅延を招きますのでおやめください。

　これらのアナウンスの趣旨は遅延防止であると考えられ，「列に並んで
待っていた人」も乗ってはいけないことになる。とすると，以下のように
具体的にするのはどうか。

> 乗客がぎりぎりまで乗っている乗り口からの乗車を試みないでください。

　しかし，こうすると今度は，すいている乗り口を目指して遠くから走っ
て乗ってもよいことになる。あらゆる場合を想定した的確な表現にするの
は難しい。

②　契約書の改善法

　馬鹿馬鹿しいとお思いかもしれないが，常日頃このようなことを頭の体
操として考えていると，契約書の検討が深いものになる。
　まずは，条文を文字どおり読むと不都合があるということを発見する能

力が必要である。しかし，不都合があるとわかっても，意図を正確に表現した条文をいきなり作るのは難しい。そこで，とりあえず不明確でもよいので「このようなことを定めたい」という考えを形にしてみることである。そして，その案では不都合が生じる場合には，不都合を解消すべく試行錯誤し，次第に問題のない表現を目指すという手順がよい。

⑴ 言葉／条文の意味が分からない／おかしい

問題2

FがJに対しノウハウの使用を認めるライセンス契約に，ライセンスされたノウハウが第三者の権利を侵害しない旨を保証する，次のような条文がある。

> F warrants no data, information, samples, knowledge, drawing, specifications and experience owned by F (hereinafter called as "Intellectual Property") infringes upon any third party's Intellectual Property.
>
> ───●───
>
> Fは，Fの有するデータ，情報，サンプル，知識，図面，仕様および経験（以下「本知的財産」という）が，第三者の本知的財産を侵害しないことを保証する。

"any third party's Intellectual Property" とはどういう意味か。

解　説

　定義を記載する部分でよく生じる問題である（第2章**2**の**4**第2条①（54頁））。すなわち，「本知的財産」は「Fが有する……」と定義されているので，「第三者の本知的財産」とは「第三者のFが有する……」となり意味が不明である。

解決策

　この点だけを簡単に直すには次のようにすればよい。

F warrants no data, information, samples, knowledge, drawing, specifications and experience (hereinafter called as "Intellectual Property") owned by F infringes upon any third party's Intellectual Property.

———————————————•———————————————

Fは，Fの有するデータ，情報，サンプル，知識，図面，仕様および経験（以下「本知的財産」という）が，第三者の本知的財産を侵害しないことを保証する。

しかし，ご覧になると分かるように，日本語では区別がつかない。一般に，文中に定義を織り込もうとすると，このように不明確になるおそれがあり，できれば「『本件知的財産』とは……を意味する」というような定義規定を置くほうが手堅い。

このように，定義がどこまでを含むかが不明な条文は頻繁にある。

... a subsidiary of XYZ Corporation (hereinafter called as the "Company") ...

———————————————•———————————————

……XYZコーポレーションの子会社（以下「本会社」という）……

言うまでもなく，「本会社」と定義されるのは，XYZコーポレーションなのか子会社なのかがわからない。しかし，次のように語順を変えただけでは問題は解決しない。

... a subsidiary (hereinafter called as the "Company") of XYZ Corporation ...

———————————————•———————————————

> ……XYZコーポレーションの子会社（以下「本会社」という）……

　これだと，普通名詞としての「子会社」を「本会社」と定義しているように読めてしまう。この文型を維持するのであれば，以下のようにするのがよい。

> ... a subsidiary of XYZ Corporation (such subsidiary hereinafter called as the "Company") ...
>
> ──────────●──────────
>
> ……XYZコーポレーションの子会社（以下，その子会社を「本会社」という）……

さらなる問題

　さらに，例文には他にも問題がある。「Fが有するデータ，情報，サンプル……」が，「第三者のデータ，情報，サンプル……」を侵害するとはどういうことか。

　ある技術の「使用」が「第三者の特許権などの権利性のあるもの」を侵害するという事態は想定できる。それがないことを保証するのであれば，次のように"use of"を入れるのが正確である。

> F warrants no use of the data, information, samples, knowledge, drawing, specifications and experience owned by F infringes upon any third party's intellectual property rights such as patents.
>
> ──────────●──────────
>
> Fは，Fの有するデータ，情報，サンプル，知識，図面，仕様および経験の使用が，第三者の特許権などの知的財産権を侵害しないことを保証する。

例文も同じことを意図しているのかもしれないが，表現が明確ではない。

問題3

代金の支払方法を定める次のような条文がある。登場する用語は明確か。

> By the last day of each month, J shall pay the Fee for the next month to F by way of remittance to the bank account designated by F. If the last day falls on a holiday and if the holidays are within two days, J shall pay the Fees to F on the immediately following business day.
>
> ─────────●─────────
>
> 各月の末日までに，JはFに対し，翌月の手数料を，Fが指定する銀行口座への送金により支払わなければならない。末日が休日にあたり，休日が2日以内の場合，JはFに対し，手数料を直後の営業日に支払わなければならない。

解　説

"holiday" と "business day" が定義されていないため，不明確である。

解決策

例えば，"holiday" と "business day" を次のように定義すればよい。

> "Holiday" means Saturday, Sunday and national holidays of at least any one of Japan, the United States of America or the United Kingdom.
>
> ─────────●─────────
>
> 「休日」とは，土曜日，日曜日，および日本，米国，英国の少なくとも1カ国で国民の祝日とされている日を意味する。

> "Business Day" means a day that is not a Holiday.
>
> 「営業日」とは，休日以外の日を意味する。

さらなる問題

　例文が想定しているのは，末日が土曜日または日曜日の場合，休日は2日以内だから翌月曜日に支払うという，ごく当然のことのように見える。

　しかし，休日が3日以上続く場合はこの例文では規定されておらず白紙である。各国のカレンダーを調べた結果そのような事態はないことを確認してこのような条文にしたのかもしれない。それはそれで周到なことと評価できる。しかし，さらにその先を詰めると，それはあくまでも現時点においてのことであり，将来休日が追加されるかもしれない。

　それでは，休日が3日以上続いた場合に，この例文ではどうなるか。支払う側は「この条文は通常の場合しか規定していないが，趣旨としては同じはずであり，直後の営業日に支払えばよい」と主張できるし，受け取る側は「この条文の趣旨は，『2日以内』と短い期間なので期限を延ばしているのである。3日以上だったら，直前の営業日に支払うのが当然である」と主張できる。

　もちろんのことだが，どちらかに決めてそのように書いておけばよいだけのことである。

問題4

Jが外国のメーカーFから製品を輸入して日本で販売するという販売店契約に，「購入見積もり」に関する次のような条文がある。

No later than three months before the start of each calendar year, J shall submit to F an estimate of purchase volume for the next calendar year and obtain approval from F. The same shall apply to any change of the estimate thereafter.

Jの各暦年の開始から3カ月前までに，JはFに対しJの翌暦年の購入見積もりを提出し，Fの承認を受けなければならない。その後の見積もりの変更についても同様とする。

ある年に，JはFに対し購入見積もりを9月15日に提出したが，変更が生じたので10月15日に提出し直したところ，Fからそれはできないとの返事が来た。それぞれの立場は，どのような解釈によるものか。

解　説

　争いのもとは，"The same" とは何かが不明な点である。Jは10月15日に変更できるという立場で，こう主張する。

　"The same" は，第一文の "J shall ..." 以下のみを意味する。したがって，暦年の開始から3カ月前以降であっても変更することができ，その場合も提出してFの承認を受けなければならないということになる。最初の見積もりを期限内に出したが，その後に変更が必要になった場合があり得るので，期間の制限は除外するのが合理的である。

これに対し，Fは変更できないという立場で，こう主張する。

"The same" は第一文全体を意味する。すなわち，4カ月前に提出して承認を受けた見積もりを，3カ月前までならば同じようにして変更できるという意味だ。期限以降も変更できるとすると，最初にいい加減な見積もりを出しておいて，後からゆっくりと変更すればよいことになり，期限の意味がない。

それぞれ，自分の意図する意味が通じるように無意識に読むので，自分としてはその解釈しかないように見えるかもしれない。しかし，「虚心坦懐」（＝常識や思い込みを捨てる）あるいは「相手の立場」で読むと，異なる解釈があり得る。

解決策

それではどのように定めればよいだろうか。Jの立場からは次のようになる。

No later than three months before the start of each calendar year, J shall submit to F an estimate of purchase volume for the next calendar year and obtain approval from F. At any time after that, J may submit any changed estimate(s) and shall obtain approval from F.

Jの各暦年の開始から3カ月前までに，JはFに対しJの翌暦年の購入見積もりを提出し，Fの承認を受けなければならない。その後いつでも，Jは見積もりの変更を提出でき，Fの承認を受けなければならない。

これに対し，Fの立場からは次のようになる。

> No later than three months before the start of each calendar year, J shall submit to F an estimate of purchase volume for the next calendar year and obtain approval from F. Within the same period, J may submit any changed estimate(s) and shall obtain approval from F.
>
> ───────────●───────────
>
> Jの各暦年の開始から３カ月前までに，JはFに対しJの翌暦年の購入見積もりを提出し，Fの承認を受けなければならない。同じ期間内に，Jは見積もりの変更を提出でき，Fの承認を受けなければならない。

さらなる問題

① 想定されていない事態—Fが承認しない場合

　この例文には，他にもいろいろと問題がある。まず，「Fの承認を受けなければならない」とあるが，Fがいつまでも承認しない場合や承認を拒否し続けた場合にどうなるかが明らかではない。

　しかし，この点を両者が納得するような条件でまとめるのは困難である。最後のやむを得ない妥協策として，次のようなものがあることだけ紹介しておく。

> F shall not unreasonably withhold such approval.
>
> ───────────●───────────
>
> Fはそのような承認を不合理に拒否してはならない。

② 隠れた問題点—１年３カ月前に提出しなければならないか

　さらに，一見気づきにくいが，じつはこの条文にはもう１つ問題がある。

これにすでにお気づきになっていたとしたら，「注意深く読めている」と少し喜んでいただいてよい。

　「各暦年の開始から3カ月前までに」「翌暦年の購入見積り」を出すことはできるだろうか。「暦年」に「2021年」を代入すると，「2020年9月30日までに」「2022年の購入見積り」を出さなければならないと書かれているのである。

　「常識的」に考えるとこれはおそらく誤記で，"next"を削除すればよいだけのことではないかと思われ，そうなると「2020年9月30日までに」「2021年の購入見積り」を出すことになり，これならばできそうである。しかし，誤記ではなく相手はほんとうに1年3カ月前に出すことを求めているのかもしれない。

(2) ある言葉がどこにかかるか分からない

問題5

FがJに対し著作物の使用権を認めるというライセンス契約に，権利の範囲に関する次のような条文がある。

F hereby grants to J a non-exclusive right to use in any manner the Work for the purpose of promoting the Products to be sold by J, as agreed to by F.

FはJに対し，Fが合意した，Jが販売する本製品の販売促進のために，本作品をいかなる方法によっても使用できる非独占的権利を許諾する。

"as agreed to by F" はどこにかかるか。

解　説

「Fが合意した」がどの語にかかるのか不明である。候補として「Fが合意した方法（manner）」，「Fが合意した本作品（the Work）」，「Fが合意した本製品（the Products）」があり，決め手はない。

解決策

一般に，"as" がかかる語を明確にするためには，かかる語に "such" をつけるのが簡単である。

---

in such manner ... as agreed to by F

such Work ... as agreed to by F

such Products ... as agreed to by F

さらに不明確さをなくすためには，"as agreed to by F"を該当する語の直後に置くことである。

in such manner as agreed to by F

such Work as agreed to by F

such Products as agreed to by F

または，定義中に入れ込むことも考えられる。

The "Work" means ... and agreed to by F.

問題6

Jが海外のメーカーFから製品を輸入し日本で販売するという内容の販売店契約書に，以下のような条文がある。

> J shall not export the Products outside Japan, except to China and South Korea, or knowingly sell any Products to any third party who intends to export the Products outside Japan.
>
> ────────────●────────────
>
> Jは，中国と韓国に対する場合を除き，本製品を日本国外に輸出してはならず，また，本製品を日本国外に輸出しようとしている第三者に対しそのことを知りつつ本製品を販売してはならない。

Jは，製品を中国に輸出しようとしている第三者に対し製品を販売できるか。両方の立場からどのような議論ができるか。

解　説

　Jは，条文の前段で「中国と韓国に対する場合」が除かれているので販売できると主張する。

> 中国と韓国には輸出できるのだから，直接だろうと第三者を通じてだろうと関係ない。

　これに対し，Fは，条文の後段では「中国と韓国に対する場合」が除かれていないので販売できないと主張する。

直接ならば輸出先を確実に把握できるが，第三者を通じてだと，中国や韓国に輸出すると言っていた第三者が輸出先を変えるおそれがある。だから，輸出先を問わずおよそ輸出しようとしている第三者には販売してはならないのだ。

純粋に文法的に見ると，「中国と韓国に対する場合を除き」は後段にはかからないというFの主張に分がありそうだが，Jのような議論の余地もある。

解決策

両方にかかるというJの立場を明確にするには，どうすればよいか。まず，例外を後ろにつけるのはどうか。

J shall not export the Products outside Japan or knowingly sell any Products to any third party who intends to export the Products outside Japan, except to China and South Korea.

Jは，本製品を日本国外に輸出してはならず，また，本製品を日本国外に輸出しようとしている第三者に対しそのことを知りつつ本製品を販売してはならない。ただし，中国と韓国に対する場合を除く。

これだと，例外は後半（間接的な輸出）にしかかからないという解釈があり得てしまうため，前につけるのがよい。

> Except to China and South Korea, J shall not export the
> Products outside Japan or knowingly sell any Products to any
> third party who intends to export the Products outside Japan.
>
> ──────────────
>
> 中国と韓国に対する場合を除き，Jは，本製品を日本国外に輸出してはな
> らず，また，本製品を日本国外に輸出しようとしている第三者に対しその
> ことを知りつつ本製品を販売してはならない。

　しかし，さらに言うと，これでも「例外は前半にしかかからない」とい
う解釈が，やや無理筋ではあるもののできてしまう。

　さらに，次のように，誤って"South Korea"の後にはカンマを打たず，
"outside Japan"の後にカンマを打ってしまうと，「例外は前半のみ」と
いう解釈がより有利になる。

> Except to China and South Korea J shall not export the
> Products outside Japan, or knowingly sell any Products to any
> third party who intends to export the Products outside Japan.
>
> ──────────────
>
> 中国と韓国に対する場合を除きJは本製品を日本国外に輸出してはなら
> ず，また，本製品を日本国外に輸出しようとしている第三者に対しそのこ
> とを知りつつ本製品を販売してはならない。

　そこで，ここでも，"except"の場合はどうなるかを表から書くのが
もっとも手堅い。

J shall not export the Products outside Japan or knowingly sell any Products to any third party who intends to export the Products outside Japan. Notwithstanding the foregoing, J may export the Products to China or South Korea and sell the Products to any third party who intends to export the Products to China or South Korea.

Jは，本製品を日本国外に輸出してはならず，また，本製品を日本国外に輸出しようとしている第三者に対しそのことを知りつつ本製品を販売してはならない。上記にかかわらず，Jは本製品を中国または韓国に輸出すること，および，本製品を中国または韓国に輸出しようとしている第三者に対し本製品を販売することができる。

問題7

クリスマス用の食材を卸売り業者から小売り業者に販売する契約書のなかの条文だと思っていただきたい。なお，食材の品質や数量は別途定義されており，そのため"Apples"などの語が大文字で始まっているとの想定である。

By December 20, 2020, the Seller shall deliver to the Buyer, at its selection, Apples or Bananas and Chocolate or Donuts.

― ● ―

2020年12月20日までに，売主は買主に対し，その選択により，リンゴまたはバナナおよびチョコレートまたはドーナッツを引き渡さなければならない。

売主は何を納品すればよいか。

解 説

　売主は何を納品すればよいか明らかではない。一見，「（AかB）と（CかD）」と読むのが自然に見えるかもしれないが（果物とお菓子を組み合わせるため），他にもいろいろな解釈の可能性がある。以下はその一部で，これ以外の組み合わせ方もあり得る。

Aか（Bと（CかD））
（Aか（BとC））かD

解決策

　売主が何を納品すればよいかを明らかにするには，以下のように（ ）で括るとか図式化するなどの方法がある。上記の「自然な」場合であると

すると，次のようになる。

By December 20, 2020, the Seller shall deliver to the Buyer, at its selection, (Apples or Bananas) and (Chocolate or Donuts).
または
By December 20, 2020, the Seller shall deliver to the Buyer, at its selection, both (a) and (b) below: (a) Apples or Bananas and (b) Chocolate or Donuts.

　一般に，列挙されているものの関係が“and”なのか“or”なのか分からなかったり，上記のように，それらがどこまでを一括りとするのかが分からなかったりする場合がある。

さらなる問題(1)

　この条文では，売主と買主のどちらが納品する品物を選べるか明らかではない。すなわち，“its”が売主を指すのか買主を指すのか分からない。
　これを明らかにするには，以下のようにすればよい。

By December 20, 2020, the Seller shall deliver to the Buyer, at the Seller's selection, ...

　日本語でも同様に，「この」「その」などが何を指すか分からない場合がある。虚心坦懐に検討し，不明であれば明確にしなければならない。

さらなる問題(2)

　この点を明らかにしても，さらに問題がある。例えば，買主が選択できる場合，その選択を売主に伝えなければ売主は何を納品すればよいか分か

らない。そのための定めが必要である。

　逆に売主が選択できる場合，買主に通知する必要はないように思えるかもしれないが，その場合であっても選択を買主に伝えなければ買主が準備できないおそれがある（事前に広告するとか，値札を用意するなど）。

　そこで，いずれの場合であっても相手に選択を伝えるための手続を定めておくべきである。

By December 15, 2020, the Buyer [the Seller] shall notify the Seller [the Buyer] of such selection.

2020年12月15日までに，買主［売主］は売主［買主］に対し，その選択を通知しなければならない。

会社とコンサルタントとの間の業務委託契約書に次のような条文があり，会社はコンサルタントの営業活動により達成した売上高に応じて，歩合制で報酬を支払うと定めている。

> Monthly fees payable by the Company to the Consultant shall be 5% of the sales during a month minus ¥1,000,000. The Company shall pay the fees to the Consultant pursuant to an invoice issued by the Consultant by the 10th day of the next month.

> 会社からコンサルタントに対し支払われる月々の報酬は（和訳省略）とする。会社はコンサルタントに対し，翌月10日までにコンサルタントにより発行される請求書に基づき報酬を支払うものとする。

ある月の売上が5,000万円だった場合，コンサルタントはいくら報酬をもらえるか。

解　説

　ある月の売上が5,000万円だった場合，コンサルタントがいくら報酬をもらえるか不明である。すなわち，この条文は以下のような2つの解釈が可能である。

(a)　売上高×5％－100万円＝150万円
(b)　（売上高－100万円）×5％＝245万円

解決策

　報酬の額を定める方法を一義的に明確にするには，次のように算式にするのがよい。

＜(a)売上高×5％－100万円＞

> Monthly fees payable by the Company to the Consultant shall be calculated as follows: (sales during a month) × 5% – ￥1,000,000

＜(b)（売上高－100万円）×5％＞

> Monthly fees payable by the Company to the Consultant shall be calculated as follows: (sales during a month – ￥1,000,000) × 5%

さらなる問題(1)

　ある月の売上が50万円だった場合，コンサルタントの報酬はどうなるか。売上が50万円だと，上記の(a)では「－97万5,000円」，(b)では「－2万5,000円」と，いずれもマイナスになるが，その場合にどうなるか不明である。

　「常識的に考えて，マイナスになったらゼロに決まっている」との意見（(c)）があるかもしれないが，その「常識」は確かだろうか。会社側は「計算上報酬がマイナスになったら，コンサルタントが会社にペナルティを支払う」という意図（(d)）かもしれない。

　この点を明確にするには，次のように「マイナスになったらどうなるか」を明記しておくことに尽きる。

＜(c)報酬はゼロ＞

> If the result of the above calculation falls below zero, the fees shall be zero.
>
> ───────────●───────────
>
> 上記の計算の結果がゼロを下回った場合，報酬はゼロとする。

＜(d)コンサルタントが会社にペナルティを支払わなければならない＞

> If the result of the above calculation falls below zero, the Consultant shall pay the amount equal to the absolute value to the Company.
>
> ───────────●───────────
>
> 上記の計算の結果がゼロを下回った場合，コンサルタントは会社に対し，その絶対値に等しい額を支払わなければならない。

　なお，(d)の場合，どのような手続にするか不明であるため，「コンサルタントはいついつまでにマイナスの値の請求書を提出し，それに基づきいついつまでに支払う」というような規定を入れる必要があるが，その例文は割愛する（次の「さらなる問題(2)」を参照）。

さらなる問題(2)

　この条文では，「翌月10日までに」誰が何をすればよいか分からない。すなわち，"by the 10th day of the next month" が，会社が報酬を支払う期限なのか（(e)），それともコンサルタントが請求書を発行する期限なのか（(f)）不明である。

　そして，(e)だとするとコンサルタントが請求書を発行する期限が規定されていないことになり，(f)だとすると会社が報酬を支払う期限が規定され

ていないことになる。

　いずれの場合かを整理して明確に定めると次のようになる。

＜(e)会社が報酬を支払う期限＞

The Consultant shall issue an invoice to the Company by the 5th day of the next month. The Company shall pay the fees to the Consultant pursuant to the invoice by the 10th day of such month.

コンサルタントは会社に対し翌月5日までに請求書を発行しなければならない。会社はコンサルタントに対し請求書に基づきその月の10日までに報酬を支払わなければならない。

＜(f)コンサルタントが請求書を発行する期限＞

The Consultant shall issue an invoice to the Company by the 10th day of the next month. The Company shall pay the fees to the Consultant pursuant to the invoice by the 15th day of such month.

コンサルタントは会社に対し翌月10日までに請求書を発行しなければならない。会社はコンサルタントに対し請求書に基づきその月の15日までに報酬を支払わなければならない。

販売店契約書に次のような条文があり，供給者は販売店以外の第三者に製品を販売してはいけないが，Xに対しては販売できると定めている。

Other than to the Distributor, the Supplier shall not sell the Products to any parties except X for three years.

販売店に対する場合を除き，供給者はX以外のいかなる者に対しても製品を販売してはならない（"for three years" の和訳は省略）。

供給者は契約から4年後に，Xに対して製品を販売できるか。

解　説

　供給者が契約から4年後に，Xに対して製品を販売できるかどうか不明である。なぜなら，"for three years" が，文全体にかかるのか（(a)），それとも "except" 内なのか（(b)）分からないからである。

　(a)（"for three years" が文全体にかかる）だとすると次のような意味になる。

供給者は3年間，販売店に対する場合を除き，X以外の者に製品を販売してはならない。

　とすると，3年を経過した後は，供給者は誰にでも製品を販売できることになり，したがって，供給者は契約から4年後にXに対して製品を販売できる。

　逆に，(b)（"for three years" が "except" 内）だとすると次のような意味になる。なお，上記(a)と比較しやすいようにしているため，和訳がぎ

ごちないことをご容赦いただきたい。

> 供給者は，販売店に対する場合を除き，Xに対して３年間以外に，いかな
> る者にも製品を販売してはならない。

　これだと，供給者は販売店に対する場合を除きいかなる第三者にも製品
を販売できないが，「Xに対して３年間」だけが例外になる。したがって，
供給者は契約から４年後にXに対して製品を販売できない。

解決策

　この点を明確にするには，以下のような条文が考えられる。

＜(a)　"for three years" が文全体にかかる＞

> Other than to the Distributor, the Supplier shall not sell the
> Products to any parties for three years.　Notwithstanding the
> foregoing, the Supplier may sell the Products to X at any time.
>
> ───────────●───────────
>
> 供給者は３年間，販売店以外のいかなる者に対しても製品を販売してはな
> らない。ただし，供給者はいかなる時点においてもXに対して製品を販売
> できる。

＜(b)　"for three years" が "except" 内＞

> Other than to the Distributor, the Supplier shall not sell the
> Products to any parties. Notwithstanding the foregoing, the
> Supplier may sell the Products to X for three years.

供給者は，販売店以外のいかなる者に対しても製品を販売してはならない。ただし，供給者は３年間はXに対して製品を販売できる。

問題10

売買契約書に次のような条文があり，売主が製品を納入する義務と買主が
受領する義務を定めている。

> The Seller shall deliver the Products within thirty days from
> the receipt of an order from the Buyer.　The Buyer shall
> accept the Products within five days from the delivery.　The
> above shall not apply if any justifiable reason exists.
>
> ────────●────────
>
> 売主は買主に対し，注文書の受領から30日以内に製品を引き渡さなけ
> ればならない。買主は引き渡しから5日以内に製品を受領しなければ
> ならない。正当な理由がある場合，上記は適用されない。

⑴　製品を製造する工場が台風のために稼働できなくなってしまった場合，
　　売主は30日間の期限を守らなくてもよいか。

⑵　製品を検査するための機器が落雷で損傷してしまった場合，買主は5
　　日間の期限を守らなくてもよいか。

なお，この売買契約書には「不可抗力の場合は契約違反の責任は負わない」
という一般規定はなく，⑴と⑵のいずれの事情も"justifiable"に該当す
るものと仮定する。

解　説

⑴も⑵も不明である。詳しく分析すると，以下の点が不明である。

> ⒜　The aboveは，第1文を指すのか，第2文を指すのか，両方を指す
> 　　のか（煩瑣になるため，以下においては「両方を指す」可能性は検討し

ない)。

(b) justifiable reasonが売主と買主のどちらにある場合か。

(c) justifiable reasonがある場合，どのような結果になるか。

(1)を肯定できるのは，以下のような組み合わせによる解釈である。

(a) 第1文を指す。

(b) 売主にある場合。

(c) 30日間の期限を守らなくてもよい。

すなわち，「売主において正当な理由がある場合，売主は30日間の期限を守らなくてよい」ということになる。

(2)を肯定できるのは，以下のような組み合わせによる解釈である。

(a) 第2文を指す。

(b) 買主にある場合。

(c) 5日間の期限を守らなくてもよい。

すなわち，「買主において正当な理由がある場合，買主は5日間の期限を守らなくてよい」ということになる。

しかし，(a)から(c)の場合分けを変えると，他の解釈もあり得る。すべての組み合わせを挙げても意味がないので，注意をひくために「常識的には」あり得ないと思える解釈を挙げておく。字面だけをみると，この条文は以下のように解釈できると主張される余地すらある。

(a) 第1文を指す。

(b) 買主にある場合。

(c) 売主は買主の要求する期限内に納品しなければならない。

　すなわち，「買主において正当な理由がある場合，売主は買主が要求する期限内に納品しなければならない」という解釈である。この解釈に基づき，「重要な顧客の要求により，その顧客に3日以内に納品しなければならないので，売主はただちに納品せよ」などと買主が主張する可能性がある。

　それではどうすればよいか。たとえば，「売主において正当な理由がある場合，売主は30日間の期限を守らなくてよい」という意味を明らかにするのであれば，以下のように書くのが正確である。そして，「守らなくてよい」というだけでは「どうしなければならないか」が不明なため，その点も明らかにすべきである。なお，"reasonable"が不明確である点はさておく。

Notwithstanding the foregoing, if any justifiable reason exists on the part of the Seller, the Seller shall not be obligated to deliver the Products within thirty days from the receipt of order but shall deliver The Products within a reasonable period.

上記にかかわらず，売主において正当な理由がある場合，売主は注文書の受領から30日以内に製品を引き渡す義務を負わず，合理的な期間内に製品を引き渡さなければならない。

　じつは，このような条文は，日本語の契約書でも頻繁に見かける。「……の場合はこの限りではない」「……の場合を除く」「……の場合，上記は適用されない」などという条文である。このような条文では，以下の点が不明確ではないかを，先入観を持たずに検討することが必要である。

・「……の場合」とはどういう場合か。

・「この」や「上記」が何を指すか。

・「……の場合」にはどうなるのか。

さらなる問題

　ここまでは棚上げにしてきたが，"justifiable"が不明確だという問題がある。他にも，"reasonable"や"unavoidable"などの不明確な言葉によって交渉をまとめざるを得ないことが多々ある。これらを完全に明確にすることは不可能だが，少しでも改善する方法としては，当方が含めたいものを「一例として……は含む」と明記したり，逆に含めたくないものを「一例として……は含まない」と明記したりすることが考えられる。

　例えば，最後に挙げた例文で，当方が売主の場合，「工場の稼働能力（毎月……トン）を超える場合はjustifiableに含まれる」と追加するとか，逆に当方が買主の場合，「原材料費や人件費などの増加により売主において採算がとれない場合はjustifiableに含まれない」と追加するなどである。

(3) 想定外の事態があり得る

問題11

ライセンス契約において，J（当方，ライセンシー）がF（ライセンサー）に対し契約当初に前払金を支払うことになっている。他方，当事者の債務不履行，当事者の破産や解散，不可抗力の場合には契約が解除されると規定され，契約が解除された場合に前払金がどうなるかを定めた以下のような条文がある。

> If this Agreement is terminated due to any default of F, F shall refund the advance payment to J. If this Agreement is terminated due to any default of J, F may retain the advance payment.
>
> ─────────●─────────
>
> 本契約がFの債務不履行を原因として解除された場合は，Fは前払金を返還しなければならない。本契約がJの債務不履行または破産もしくは解散を原因として解除された場合は，Fは前払金を保持してよい。

この条文に何か問題はないか。

解説

　まず，このように，契約を解除した場合を想定して事後処理を定める条文を入れる姿勢はよい。そもそもこのような条文を入れていない契約もしばしば見かけるが，このような条文がないと，契約が解除された場合に前払金がどうなるのか，不明になってしまう。

　しかし，このような条文を入れていたとしても，詰めが甘いと，紛争の原因になる。すなわち，この条文では「Jの債務不履行が原因」で契約が

解除される場合と,「Fの債務不履行が原因」で契約が解除される場合を想定しているが,その他の原因により解除された場合にどうなるか明らかではない。例えば,不可抗力により契約が解除された場合に,前払金はどうなるのだろうか。このような空白地帯をなくすように整理することが必要である。

解決策

空白地帯をなくすには,まず,原因を個別に列挙して振り分ける方法がある。

If this Agreement is terminated due to any default of F or force majeure, F shall refund the advance payment. If this Agreement is terminated due to any default of J or bankruptcy or winding-up of J, F may retain the advance payment.

本契約がFの債務不履行または不可抗力を原因として解除された場合は,Fは前払金を返還しなければならない。本契約がJの債務不履行または破産もしくは解散を原因として解除された場合は,Fは前払金を保持してよい。

しかしこの方法だと,仮に契約交渉の進展によって解除の原因が追加された場合に,その原因で契約が解除されたらどうなるかを,この条文に追加し忘れるおそれがある。そうすると,その原因はどちらにも振り分けられず,空白地帯ができてしまう。

したがって,空白地帯をなくすという観点からは,「……の場合」と「……でない場合」に分けるのがよい。

If this Agreement is terminated due to any default of J or bankruptcy or winding-up of J, F may retain the advance payment.　If this Agreement is terminated due to any reasons other than the above, F shall refund the advance payment.

本契約がJの債務不履行または破産もしくは解散を原因として解除された場合は，Fは前払金を保持してよい。本契約がそれら以外の事由を原因として解除された場合は，Fは前払金を返還しなければならない。

　こうすると，「Jの債務不履行または破産もしくは解散を原因とする解除の場合」は返還が認められず，「それ以外の場合」は返還が認められることになり，Jに有利である。逆に，当方がFの立場である場合は，次のように，返還される場合を限定するほうがよい。

If this Agreement is terminated due to any default of F or bankruptcy or winding-up of F, F shall refund the advance payment. If this Agreement is terminated due to any reasons other than the above, F may retain the advance payment.

本契約がFの債務不履行または破産もしくは解散を原因として解除された場合は，Fは前払金を返還しなければならない。本契約がそれら以外の事由を原因として解除された場合は，Fは前払金を保持してよい。

　一般に，契約が解除された場合に，支払済みの金銭を返還する必要があるかないかをめぐり争いになることがある。とくに，長期にわたる契約で前払いしていた金銭がある場合，返還されるか否か，返還されるとして全額か一部か，一部返還の場合いくらか（例えば日数で按分計算）などを定めておくべきである。

問題12

合弁契約において，一定の事由が発生した場合は契約が解除され，F社がJ社の有する合弁会社の株式を買い取らなければならないという定めがあり，その際の株式の価格を定めるための次のような条文がある。

> The price of the Shares shall be determined by a certified public accountant agreed to by the parties.
>
> ───────●───────
>
> 本株式の価格は，両当事者が合意する公認会計士によって定められるものとする。

この条文で，常に株式の価格を決めることはできるか。

解　説

　両当事者が公認会計士につき合意できないおそれがある。この条文は，両当事者がある特定の公認会計士に合意できることを前提にしているが，合意できない場合があり得る。

　株式の価格など，どの公認会計士が評価しても同じではないかと思われるかもしれないが，そうではない。上場していない会社の株式の価格を評価するにはさまざまな方法があり，また，計算式に入れる数値としてどのようなものを用いるかも一義的に決まっているわけではなく，ある特定の方法や数値が「正しい」あるいは「より正しい」とは断言できない。それらの点については，公認会計士によってさまざまな見解があり得て，結果として評価額も異なる。そこで，売る側は高い価格をつけてくれる公認会計士を選びたいのに対し，買う側は低い価格をつけてくれる公認会計士を選びたく，結果として合意できない事態が想定される。

　このように，「合意できない」場合に備えた定めが必要である。

解決策

　この条文の次に，以下のような条文を入れることで問題は一見解消しそうである。

> If the parties fail to agree to such a certified public accountant, ...
>
> ────────────●────────────
>
> 両当事者がそのような公認会計士に合意できない場合，……

　しかし，じつはこれが新たな火種になるおそれがある。

さらなる問題(1)

　言葉遊びのように見えるかもしれないが，上の「解決策」で示した条文では，「合意できない」とはどういう場合かをめぐり争いになり得る。どういうことかと言うと，例えば，売る権利を持っている当事者が公認会計士の選任を相手方に申し入れて交渉を始めたが，相手方があれこれ言って合意してくれない。その後も，売る権利を持っている当事者が何人か公認会計士を提案したが，相手方はやはり合意しない。そこで，売る権利を持っている当事者が「もう合意できないので，契約に定められた次の手続に進もう」と申し入れると，相手方は「合意できないとは言っていない。まだ交渉の途中で，交渉を続けて合意を目指そう」などと反論してくるという筋書が考えられる。

　これは詭弁ではないかとお考えかもしれないが，条文上，どのような場合をもって「合意できない」とするのか，そしてそれを誰が判断するのか，が定められていないため，相手方にこのように粘られると，有効な反論ができない。

　そこで，次のような条文にするのが手堅い。

> If the parties fail to agree to such a certified public accountant within 30 days from the day when either party first proposes to the other party of the selection of such a certified public accountant, ...
>
> ───────────●───────────
>
> 一方当事者が他方当事者に対し，そのような公認会計士の選任を最初に提案してから30日以内に合意できない場合，……

これならば，「合意できない」場合を客観的に判断できることになる。

さらなる問題(2)

　上の「さらなる問題(1)」で示した「30日以内に合意できない場合」という場合分けに進む場合，株式の価格を決めるにはどうすればよいだろうか。強制的に解決できる仕組みである必要がある。

　アイディアとしては次のようなものが考えられるが，あらゆる契約においてここまで詰めるかどうかは，ケースバイケースで判断していただきたい。

・日本公認会計士協会東京会の会長または同会長が指名する公認会計士とする。
・仲裁により価格を決定する。

問題13

ライセンス契約において，次のような「製品」の定義と，実施料の支払を
定める条項がある。なお，ここでは便宜上２つの条文をまとめて挙げてい
るが，実際の契約書では，これらが何ページか置いて別々に登場している。
そうなると，問題に気づきにくくなることにご注意いただきたい。

The "Products" means products listed in Exhibit A attached
hereto.

「製品」とは，本契約書に添付された別紙Aに掲げられたものとする。

The Licensee shall pay royalties on the Products that were
manufactured and sold by the Licensee during each Royalty
Payment Period.

ライセンシーは，各実施料支払期間においてライセンシーにより製造
販売された製品につき実施料を支払わなければならない。

この条文で不測の事態は生じないか。

解　説

　「製品」は「別紙Aに掲げられたもの」と定義され，ライセンシーは各
実施料支払期間に製造販売した「製品」について，実施料を支払わなけれ
ばならないと定められている。何も問題なく見えるかもしれないが，じつ
は，ライセンスされた技術を使わないで製造販売した「製品」についても
実施料の対象になってしまうという大問題がある。

　例えば「製品」が「テレビ」と定義されているとして，ライセンシーが，

①ライセンスを受けた特許技術を用いた高性能のテレビと，②ライセンスを受けた特許技術を用いない低価格帯のテレビを製造している場合，問題に挙げた例文では，ライセンスを受けた特許技術を用いないで製造したテレビについても，実施料を支払わなければならないことになる。これはいわば，ライセンシーが競争的行為を行うとペナルティが科されることになり，直感的には不当に思えるかもしれない。

　現に，日本の公正取引委員会が定めた「知的財産の利用に関する独占禁止法上の指針」によると，「技術の利用と無関係なライセンス料の設定」は，公正競争阻害性を有する場合は不公正な取引方法として独占禁止法に違反するとしている（同指針第4，5(2)）。

　しかし，国によってはこの条文は文字どおり有効であり，また，仮に日本の独占禁止法が適用される場合であっても，「公正競争阻害性を有する場合」という条件がついており，常に違法というわけではない。

解決策

　実施料の条文を以下のようにして，ライセンスされた技術を使って製造販売した製品に限るのがよい。

The Licensee shall pay royalties on the Products that were manufactured and sold by the Licensee under the Patents during each Royalty Payment Period.

ライセンシーは，各実施料支払期間においてライセンシーにより本特許権に基づき製造販売された製品につき実施料を支払わなければならない。

⑷ 文／条文の関係が分からない／おかしい

問題14

J社は海外のF社と販売店契約を締結し現地での販売を開始したが，何年か後に，自らの子会社を設立してF社を介さずに販売しようと考え，販売店契約を解除しようとした。販売店契約には次のような条文がある。

> J may terminate this Agreement in the case of following:
> (a) J gives six months' prior written notice to F.
> (b) J pays 100,000,000 yen to F for compensation.
>
> ───────────────●───────────────
>
> Jは以下の場合に本契約を解除できる。
> ⒜　JがFに対し6カ月以前に書面により通知する。
> ⒝　JがFに対し補償金として1億円を支払う。

J社は解除予定日の6カ月前にF社に通知して契約を解除できるか。

解　説

　J社が解除予定日の6カ月前にF社に通知すると，F社から1億円の支払を請求される可能性がある。なぜならば，(a)と(b)の関係が"and"か"or"か不明で，"and"と解釈すると，J社は(a)と(b)を両方しなければならないからである。

　「常識的」あるいは「直感的」には，(a)原則としては6カ月前の通知が必要だが，(b)6カ月前に通知せずに直ちに解除したい場合は1億円の支払が必要，と解釈するのが合理的に見えるかもしれないが，そうとは書いていない。"and"だと法律違反で無効というわけでもないため，"and"とも"or"とも書いていないと，結局不明である。

このように，契約書の条文の意味が客観的に明らかでなく，「分からないこともある」（第1章３(3)① （気を楽にする「ひとこと」）ことを知っておくべきである。

解決策

　J社の解釈を明らかにするには，(a)と(b)の間に "or" を入れればよい。

さらなる問題

　J社としては，この条文において(a)と(b)の関係が "and" か "or" かを明らかにするだけでよいわけではない。

　この条文を契約交渉時に提示されたなら，(a)と(b)を所与のものと考えずに，以下のように提案して，より有利にすることを図るべきである。

・「１カ月」や「３カ月」のように，より短い予告期間で解除できるようにする。

・そもそも，補償金を支払うという条件は削除する。

・補償金を支払うとしても，その額を低くする。

問題15

共同開発契約中に，次のような条文がある（説明の便宜のため，A条，B条，C条とする）。なお，ここでは便宜上３つの条文をまとめて挙げているが，実際の契約書では，これらが何ページか置いて別々に登場している。そうなると，問題に気づきにくくなることにご注意いただきたい。

A条

The "Material" means the substance listed in Exhibit A attached hereto that has been supplied or will be supplied from J to F.

A条

「試料」とは，本契約書に添付された別紙Aに掲げられた物質で，JからFに対しすでに提供されまたは今後提供されるものを意味する。

B条

F may, from time to time hereafter, place an order to purchase the Material from J. The price of the Material shall be xxx yen per gram.

B条

Fは，今後随時，試料を購入すべくJに対し発注することができる。試料の価格は１グラム当たりxxx円とする。

C条

F may use the Material to perform the joint development

contemplated hereunder.

C条

Fは本契約書で意図される共同開発の実行のために，試料を用いることができる。

この契約の締結に先立ち，JとFは秘密保持契約を結び，JがFに試料を無償で提供して，Fが評価するという手続を経ており，そのときにJから提供を受けた試料がFの手元に残っている。

この場合，以下の問題についてはどうなるか。

・Fはその手元に残っている試料を使用できるか。

・JはFの手元に残っている試料につき，Fに代金を請求できるか。

解　説

　まず，Fは手元に残っている試料を使用できる。なぜなら，A条で「試料」はすでに提供したものも含むように定義され，C条でFは試料を用いることができると定められているからである。

　次に，Jとしては，すでに提供した試料についても代金を請求したいだろうが，そうすることはできない。なぜなら，「すでに提供した資料の代金を請求できる」という定めはなく，B条で「今後」代金を請求できるとされているだけだからである。

解決策

　Jの意図に沿った定めにするもっとも簡単な方法としては，B条を次のようにすることが考えられる。

B条

F may, from time to time hereafter, place an order to purchase the Material from J. The price of the Material shall be xxx yen per gram. F shall pay to J yyy yen for the Material that has already been delivered to F.

B条

Fは，今後随時，試料を購入すべくJに対し発注することができる。試料の価格は1グラム当たりxxx円とする。FはJに対し，すでにFに引き渡された試料につき，yyy円を支払わなければならない。

販売店契約書に次のような条文があり，第１文で契約期間と自動更新を定め，第２文で解除を定めている。

> This Agreement shall become effective January 1, 2021 and continue in effect to December 31, 2023 and will be automatically renewed for each of the subsequent three year periods thereafter unless terminated. This Agreement may be terminated by ninety days prior written notice by either party to the other.
>
> 本契約は2021年１月１日に発効し，2023年12月31日まで有効で，解除されない限りその後３年ずつ自動的に更新される。本契約は，いずれかの当事者が相手方に対し90日前に書面で通知することにより解除できる。

販売店は2022年12月27日に通知して，2023年３月31日をもってこの契約を解除できるか。

解　説

　不明である。すなわち，この契約は90日前の予告により「いつでも」解除できるという解釈（(a)）と，90日前の予告により「2023年12月31日をもってのみ」解除できるという解釈（(b)）があり得る。

　第１文と第２文は無関係な独立した定めであると考えると(a)の解釈になり，第１文を前提にして第２文があると考えると(b)の解釈になる。

解決策

それぞれの解釈を明確にするには，次のような表現が考えられる。

＜(a)いつでも解除できる＞

> This Agreement shall become effective January 1, 2021 and continue in effect to December 31, 2023 and will be automatically renewed for each of the subsequent three year periods thereafter unless terminated.
> Notwithstanding the foregoing, this Agreement may be terminated at any time and without any reason by ninety days prior written notice by either party to the other.
>
> ───────────────────────────────
>
> 本契約は2021年1月1日に発効し，2023年12月31日まで有効で，解除されない限りその後3年ずつ自動的に更新される。ただし，本契約は，いずれかの当事者が相手方に対し90日前に書面で通知することにより，いつでも何らの理由もなく解除できる。

＜(b)期間満了時のみ解除できる＞

> This Agreement shall become effective January 1, 2021 and continue in effect to December 31, 2023 and will be automatically renewed for each of the subsequent three year periods thereafter unless terminated by written notice by either party to the other at least ninety days prior to the above expiration.
>
> ───────────────────────────────

> 本契約は2021年1月1日に発効し，2023年12月31日まで有効で，いずれか
> の当事者が相手方に対し期間満了の90日前に書面で通知することにより解
> 除されない限りその後3年ずつ自動的に更新される。

　じつは，これは実際に裁判になった条文を元にしたものであり（東京地判平27.2.13判例時報2265号47頁），裁判所は(b)の解釈，すなわち期間満了時のみ解除できるとの解釈を採用した。

　しかし，だからといって，「この判決があるから，このような条文はこのように解釈することが確定した」と早合点してはならない。判決というのは個別の事案に対する判断であり，この判決の場合も裁判所はこの条文を文言のみで解釈したのではなく，交渉の経緯などを参考にして判断している。別の当事者間で同様の条文が争いになった場合，同じ結論になるとは限らない。

　一般に判決を読む場合，「このような条文の解釈については，これで結論が出た」と思ってはならず，「このような条文の解釈をめぐって争いになったことがあるのだから，同じような条文では争いにならないように明確に書かなければならない」という警告として理解することが必要である。

おわりに

　いろいろと細かいことや難しいことも申し上げたが，ひとことで言うと，契約書を検討する根本的な視点は，言葉や条文の意味を「明確にすること」に尽きる。それを少しでもお伝えできたのであれば幸いである。皆様のご健闘とご成功をお祈りする。

【著者紹介】

仲谷栄一郎（なかたに　えいいちろう）

1982年東京大学法学部卒業。1984年弁護士登録。アンダーソン・毛利・友常法律事務所パートナー。一般企業法務を広く取り扱うほか，国際契約，国際税務を専門とする。

著書として，『交渉の英語』（全3巻・日興企画，1999年），『契約の英語』（全2巻・日興企画，2001年），『租税条約と国内税法の交錯（第2版）』（商事法務，2011年，日本公認会計士協会学術賞受賞），『ビジネス契約書作成ガイド』（清文社，2017年），『国際取引と海外進出の税務』（税務研究会，2019年）等がある。

初歩からきちんと英文契約書（第2版）

2014年12月 1 日　第1版第1刷発行	
2017年 9 月10日　第1版第3刷発行	
2020年10月 1 日　第2版第1刷発行	

著　者　仲　谷　栄　一　郎
発行者　山　本　　　継
発行所　㈱ 中 央 経 済 社
発売元　㈱中央経済グループ
　　　　パ ブ リ ッ シ ン グ

〒101-0051　東京都千代田区神田神保町1-31-2
電話　03 (3293) 3371(編集代表)
　　　03 (3293) 3381(営業代表)
http://www.chuokeizai.co.jp/
印刷／三 英 印 刷 ㈱
製本／㈲ 井 上 製 本 所

© 2020
Printed in Japan

＊頁の「欠落」や「順序違い」などがありましたらお取り替えいたしますので発売元までご送付ください。（送料小社負担）
ISBN978-4-502-36211-8　C3032

「Q&Aでわかる業種別法務」シリーズ

―――――― 日本組織内弁護士協会〔監修〕 ――――――

　インハウスローヤーを中心とした執筆者が，各業種のビジネスに沿った法務のポイントや法規制等について解説するシリーズです。自己研鑽，部署のトレーニング等にぜひお役立てください。

Point

- 実際の法務の現場で問題となるシチュエーションを中心にQ&Aを設定。
- 執筆者が自身の経験等をふまえ，「実務に役立つ」視点を提供。
- 参考文献や関連ウェブサイトを随所で紹介。本書を足がかりに，さらに各分野の理解を深めることができます。

〔シリーズラインナップ〕

銀行	…………………………………	好評発売中
不動産	…………………………………	好評発売中
自治体	…………………………………	好評発売中
医薬品・医療機器	…………………	好評発売中
証券・資産運用	……………………	好評発売中
製造	…………………………………	好評発売中
建設	…………………………………	続　　刊
学校	…………………………………	続　　刊

中央経済社